子どもたちが力をあわせて運《はこ》んでいるものは……なんと、山もりの生ごみです！

山もりの生ごみの中には、どんなものが入っているかな？　これは、ダイコンの切れはし

生ごみを小さくちぎって……

ふしぎな茶色の
こなをまぶして……

土に生ごみをまぜます。
土の中に「菌《きん》ちゃん」が
いるらしいのですが……

この雪のような
白いものの正体は⁉

菌《きん》ちゃん野菜《やさい》づくりを教えてくれるのは、「菌《きん》ちゃん先生」こと吉田俊道《よしだとしみち》さん。「菌《きん》ちゃん野菜《やさい》を食べて、みんなに元気になってほしい」と、全国《ぜんこく》で野菜《やさい》づくりを指導《しどう》しています

菌《きん》ちゃん野《や》菜《さい》を つくろうよ！

あんず ゆき✺文

もくじ

はじめに

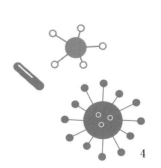

このお話の主人公《しゅじんこう》は、「菌《きん》」です。

と言ったら、みなさんはびっくりするでしょうか。

菌《きん》なんて、自分の目では見たことがないし、どこにいるのか、わからない……?

これからはじまるお話は、子どもたちの野菜《やさい》づくりのようすをえがいたものですが、ただの野菜《やさい》づくりではありません。

土の中で生きている微生物《びせいぶつ》、つまり「菌《きん》ちゃん」が、だいかつやくするのです。

菌《きん》ちゃんのはたらきを利用《りよう》してつくられた野菜《やさい》が「菌《きん》ちゃん野菜《やさい》」です。

読みながら、登場《とうじょう》するみんなといっしょに、菌《きん》ちゃん野菜《やさい》をつくった気分になってくださいね。

きっと、菌《きん》ちゃんのことを、もっと知りたくなりますよ。

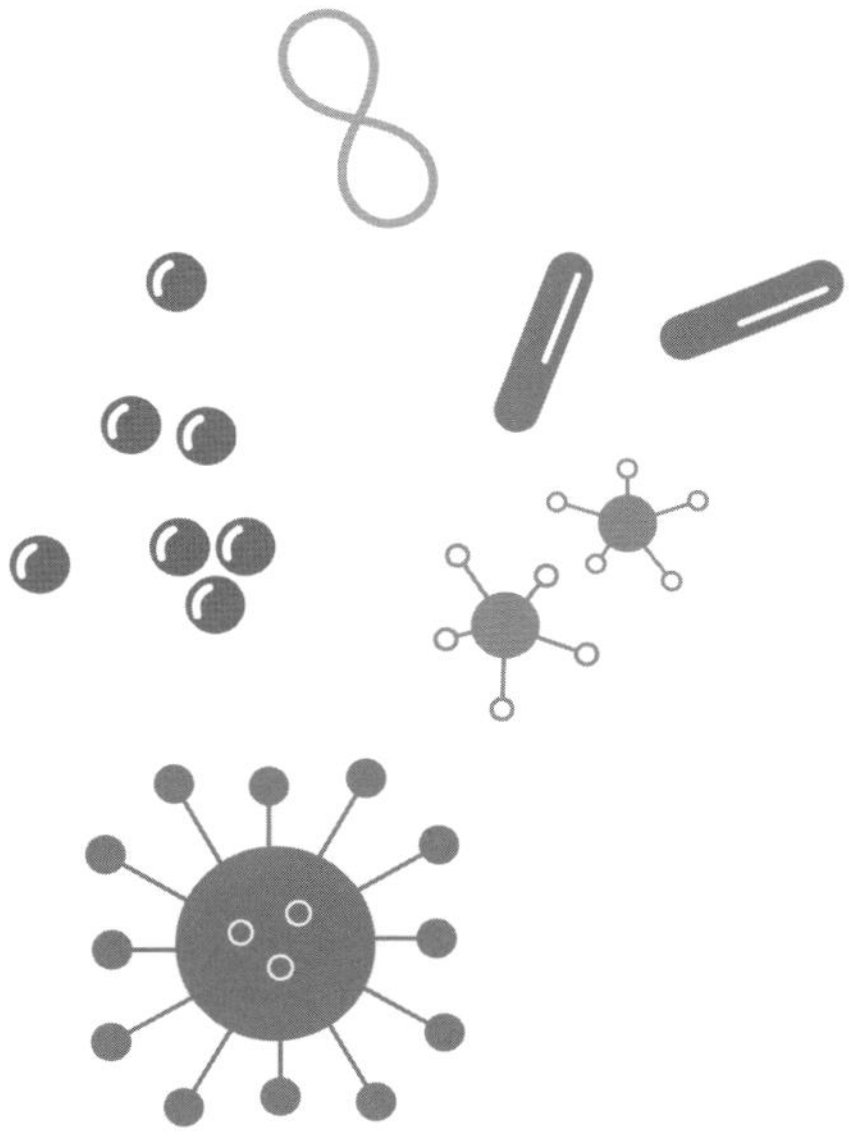

第《だい》1章《しょう》

土づくりのはじまり

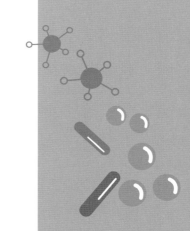

二〇一五年五月一日の朝。晴れ。

長崎《ながさき》市立小ヶ倉《こがくら》小学校の校庭《こうてい》に、太陽《たいよう》の光が、さんさんとふりそそいでいます。

そのかたすみにある畑《はたけ》にしゃがんで、吉田俊道《よしだとしみち》さんは、まゆをひそめていました。

「ベチャベチャだ。まいったな」

つぶやきながら、畑《はたけ》の土を手でつかんでは、もどしています。

吉田《よしだ》さんは、小学生のころから野菜《やさい》をつくるのがだいすきで、大学は農学《のうがく》部《ぶ》、仕事《しごと》も農業《のうぎょう》にかかわる公務員《こうむいん》でした。

自分で農業《のうぎょう》をしようと決意《けつい》したのは、公務員《こうむいん》になってからちょうど十年目のこと。農薬《のうやく》を使《つか》わないのに元気いっぱいに育《そだ》った野菜《やさい》とめぐりあい、そんな野菜《やさい》を自分の手で育《そだ》てたくて、公務員《こうむいん》をやめ、農家《のうか》として生きる道をえらんだのです。

その三年後の一九九九年には、「大地といのちの会」を立ちあげ、「おいしくてからだにいい野菜《やさい》を、みんなに食べてほしい。そして、健康《けんこう》になってほしい！」と、あちこちの小学校や幼稚園《ようちえん》、保育園《ほいくえん》で、野菜《やさい》のつくり方や、からだが元気になる食事《しょくじ》について教えるようになりました。

きょうはここ、小ヶ倉《こがくら》小学校で、二年生のみんなといっしょに、畑《はたけ》の土づくりをすることになっているのですが——。

吉田《よしだ》さんがため息《いき》をついていると、赤瀬明子《あかせあきこ》校長がやってきて、明るく声をかけました。

小高い丘《おか》の上にある長崎《ながさき》市立小《こ》ヶ《が》倉《くら》
小学校

菌《きん》ちゃん野菜《やさい》づくりを教えてくれる
吉田俊道《よしだとしみち》さん

赤瀬明子《あかせあきこ》校長。「子どもたちに、ぜひ菌《きん》
ちゃん野菜《やさい》づくりを体験《たいけん》してもらいた
い」と、吉田《よしだ》さんを学校にまねきました

「おはようございます！」

吉田《よしだ》さんは、あいさつもそこそこに、手のひらにのこった土を見せました。

「こんなにしめってちゃ、やめたほうがいいくらいだよ。元気な野菜《やさい》ができるかどうかは、土で決《き》まるんだからね」

やめたほうがいいくらい……吉田《よしだ》さんは、ほんとうにそう思っていました。

（野菜《やさい》づくりのスタートは、なえを植《う》えるときじゃない。まず、畑《はたけ》の土をいい土にすることからはじまるんだ。そのためには、土が少しかわいているくらいでないといけないのに……これじゃあなぁ）

住《す》まいのある佐世保市《させぼし》から、はりきってやってきたぶん、がっかりしています。

じつは、このあたりには、二日前に大雨がふりました。それからも、ずっとくもりで、けさ、ようやく晴れたばかりです。土がかわいているわけがありません。

吉田《よしだ》さんの気持《きも》ちを感《かん》じとって、赤瀬《あかせ》校長が小さく頭をさげました。

「雨がふりだしたときに、畑《はたけ》をおおっておけばよかったですね。すみません」

「いやいや。ぬれちゃったのは、しかたがないですよ……」

吉田《よしだ》さんは、頭をガリガリかきました。きょう、いっしょに土づくりをする子どもたちは、土がしめっていたらよくないなんて、知るはずもありません。

きっと、どんなことをするのか、ワクワクしながらまっていることでしょう。

吉田《よしだ》さんの顔に、ほほえみがうかびました。

「ま、だいじょうぶです。工夫《くふう》して、やりますから」

なにか、いいアイデアを思いついたようです。

さあ、どんなことをするのでしょう。

野菜《やさい》づくりは、いい土づくりから。吉田《よしだ》さんは、手でさわったり、
においをかいだりして、土のじょうたいをたしかめます

第《だい》2章《しょう》

菌《きん》ちゃんって、なんだ?

畑《はたけ》の前に、赤いぼうしをかぶった二年一組十八人と、白いぼうしをかぶった二年二組十八人、ぜんぶで三十六人が集《あつ》まりました。

みんなはきのう、担任《たんにん》の先生から、

「あしたは野菜《やさい》づくりの授業《じゅぎょう》をします。生ごみ※が必要《ひつよう》なので、おうちに野菜《やさい》やくだものの、すてるところがあったら持《も》ってきてね」

と言われました。けさ登校《とうこう》するなり、大きなポリバケツにそれをほうりこんだばかりです。

でも、生ごみが野菜《やさい》づくりといったいどんな関係《かんけい》があるのか、想像《そうぞう》もつきません。

※菌《きん》ちゃん野菜《やさい》づくりには、生ごみはなんでも使《つか》えますが、授業《じゅぎょう》では子どもがあつかいやすい野菜《やさい》くずを中心に集《あつ》めています

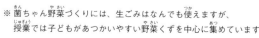

「はーい、みなさん、おはようございます」

赤瀬《あかせ》校長が、笑顔《えがお》で前に立ちました。

「きょうは、菌《きん》ちゃん先生が来てくれました。はくしゅ〜！」

みんな、いっせいに手をたたきながら、わきに立つ、メガネのおじさんに注目《ちゅうもく》しています。

「キンチャン先生？」

「へんな名前だね」

そんなささやきにクスッとわらいながら、赤瀬《あかせ》校長は話をつづけました。

「菌《きん》ちゃん先生は、お野菜《やさい》づくりの名人なの。日本中、あちこち行って、つくり方を教えているのよ。じゃ、菌《きん》ちゃん先生、お話、おねがいします」

入れかわるように、吉田《よしだ》さんが一歩前に出ました。さっそく、みんなにたずねます。

「みんな、菌《きん》ちゃん先生って言われてもよくわからないよね。じゃあ、菌《きん》ちゃ

菌《きん》ちゃん先生の授業《じゅぎょう》がはじまりました！

んの『キン』って、なんだと思う?」

声が、バラバラととびかいました。

「お金!」

「金太郎《きんたろう》のキン!」

吉田《よしだ》さんは、ニコニコわらって聞いています。ちょっぴりきんちょうしていたその場の空気が、いっぺんに、やわらかくなりました。

「はい、どれもハズレです!

菌《きん》ちゃんの『キン』はね、ヨーグルトやチーズをつくる乳酸菌《にゅうさんきん》や、納豆《なっとう》をつくる納豆菌《なっとうきん》などの『キン』です。バイキンマンの『キン』でもあるね。

バイキンという言葉《ことば》が、ふだんよく使《つか》われるので、『菌《きん》』は病気《びょうき》のもとのような、よくないイメージがあるかもしれないけど、そんなことはないんだ。人間の役《やく》に立っている菌《きん》もたくさんいるよ。

土の中にもいるし、みんなのおなかの中にもいるんだ。

ところでみんな、生ごみは、持《も》ってきてくれたかな？」

「はーい！」

「持《も》ってきた〜」

吉田《よしだ》さんは大きくうなずきました。

「ありがとう。みんなが持《も》ってきてくれた生ごみはね、これから、菌《きん》ちゃんのごはんになります」

「ええーっ、うそー！」

「ごみが、ごはんなの〜!?」

「そうだよ。『ごはんですよ〜』って土にまぜてあげたら、土の中にいる菌《きん》ちゃんがそれを食べて、元気になって、どんどんふえるの」

それまでのざわめきが、ちょっとしずかになりました。

菌《きん》ちゃんが生ごみを食べて？　元気になって？　どんどんふえる？

みんな、ふしぎそうに顔を見あわせています。

でも吉田《よしだ》さんが、

「いい菌《きん》ちゃんがいっぱいいる土で育《そだ》ったニンジンやピーマンは、ものすごくおいしいよ。生で、バリバリ食べられるんだ」

と言うと、たちまち声があがりました。

「生で食べるの、むり！」

「食べたくない！」

お料理《りょうり》に入っているニンジンやピーマンだってイヤなのに、生で食べるなんて、とんでもありません。

吉田《よしだ》さんは、みんなの表情《ひょうじょう》を見て、カラカラとわらいました。

「いや、ほんとにおいしいんだから。うそだと思ったら、きみたちが育《そだ》てた野《や》菜《さい》ができたとき、生で食べてみるといい。きっとおいしいって言うよ」

自信《じしん》たっぷりにそう言ってから、パンパンと手をたたきます。

「じゃあ、はじめましょう！」

容器《ようき》いっぱいに集《あつ》まった生ごみ

「はーい！」
みんなの元気な声がひびくと、赤瀬《あかせ》校長と、一組担任《たんにん》の小吉郁子《こよしいくこ》先生、二組担任《たんにん》の田栗洋子《たぐりようこ》先生が、生ごみが入った大きな容器《ようき》を運《はこ》んできました。
「うわあ、たくさん、持《も》ってきてくれたんだね～」
吉田《よしだ》さんが、目を丸くしています。

はじめて菌《きん》ちゃん先生に会ったとき、「生ごみを使《つか》って、なにをするんだろうな」と思いました。ちょっとドキドキしました。（るな）

おうちから、生ごみを持《も》ってきました。ニンジンの根《ね》もとを持《も》ってきました。（かおる）

「さてと」

吉田《よしだ》さんは、ポリバケツに入った生ごみを見回して、うれすぎたトマトをつまみだしました。

「きょうの土は、しめっているからね。こんなふうに、ベチャッとしたものや、くだものみたいに水分の多いものは、のけましょう」

これが吉田《よしだ》さんの工夫《くふう》でした。ほどよくかわいた土なら、どんな生ごみでも使《つか》えるのですが、土がしめっているので、水分の多いものは使《つか》わないことにしたのです。

「どうして土がしめってたら、だめなの？」

吉田《よしだ》さんの言葉《ことば》に、たちまち質問《しつもん》がとびました。

「さすが、いい質問《しつもん》」

吉田《よしだ》さんは、メガネのおくで目を細めます。

「きみたち、空気がないと、息《いき》ができなくて死《し》んじゃうでしょ。菌《きん》ちゃんもみんなと同じなんだ。

土がしめっていたら、土の中の空気がへっちゃって、菌《きん》ちゃんは『これじゃ、息《いき》ができないよう』って悲鳴《ひめい》をあげるんだよ。菌《きん》ちゃんは、生きているんだからね」

けさ、吉田《よしだ》さんがベチャベチャの土を見て心配《しんぱい》していた理由《りゆう》は、それだったのです。

つぎに吉田《よしだ》さんは、いたんだレタスをつまみました。茶色く、色がかわったところを指《ゆび》さします。

「こんなふうにくさっているところには、悪《わる》い菌《きん》ちゃんがいるから、のけてくださいい。土の中にいるいい菌《きん》ちゃんが、へってしまうからね」

そうしてよりわけてのこった生ごみを、ブルーシートの上に出すと、こんもりと小さな山になりました。

まわりをみんなでかこんで、いよいよ、菌《きん》ちゃんのごはんづくりです。

水分の多いトマトや、
茶色くなったレタスは、
きょうは入れません

新鮮《しんせん》な生ごみが集《あつ》まりました。ほんとうに、これを菌《きん》ちゃんが食べるのかな？

「さて、これが土の中にいる菌《きん》ちゃんのごはんになるんだけど、菌《きん》ちゃんはとても小さくて、けんびきょうで、やっと見えるくらいの大きさなんだ。だから、『ごはんですよ～』ってあげても、このままじゃ大きすぎて、菌《きん》ちゃんは食べられません。じゃあ、小さくするには、どうしたらいいかな？」

すぐに、男の子が大きな声で言いました。

「ちぎる！」

吉田《よしだ》さんは、パンッと手を打《う》ちました。

「そう、それ！　じゃあ、これからこれを小さくちぎろうか。自分の手より、小さくちぎってね」

ここからは、みんな大はしゃぎ。

ブルーシートの上で、生ごみをちぎって、ちぎって……あちこちで、きゃあきゃあと声があがり、白い歯《は》がこぼれています。

生ごみを小さく小さくちぎります

第《だい》3章《しょう》 菌《きん》ちゃんが食べる？

かむかわりに

みんながががんばったおかげで、ブルーシートの上は、あっという間に小さくちぎられた生ごみばかりになりました。みんなの手からは、野菜《やさい》のにおいがぷんぷんしています。けれど、においを気にしている子はだれもいません。

「さて、小さくしてもらったおかげで、菌《きん》ちゃんは生ごみを食べやすくなったよ。ところで、みんなは、ごはんを口の中に入れたら、どうする？」

「かむ！」

何人かの声が重《かさ》なりました。吉田《よしだ》さんは、こっくりとうなずきます。

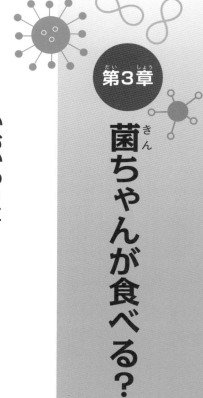

「そう、かむよね。でもね、菌《きん》ちゃんには歯《は》がありません。じゃあ、かわりにみんなが、ちぎった野菜《やさい》を口に入れて、かんであげる？」

「え～、いやだ～」

「きたないよ～」

「むり～！」

「じゃあ、歯《は》でかんであげるかわりに、足でふんでつぶしましょう」

吉田《よしだ》さんは手早く、生ごみをブルーシートでくるみました。その上にのって、トントンと足ぶみをはじめます。そこに赤瀬《あかせ》校長が参加《さんか》して、みんなもつぎつぎのって……歌うように声をかけながら、でこぼこしたブルーシートをふみつけます。

「♪よくかんで、よくかんで」

「♪おいしい、おいしい」

しばらくふんで、先生たちがブルーシートをあけてみると——。

「きゃあ、ぺっちゃんこ！」

「うわあ、おせんべいみたい」

みんなびっくりしています。

あとは、まだ形ののこっている生ごみを、木づちでたたいてできあがり。

「きみたちも、これくらい、よくかんで食べなきゃダメだぞ！」

吉田《よしだ》さんの声に、みんな、「へへへ」と、ごまかしわらいをしています。

ふんで、ふんで♪

ぺっちゃんこ！

さらに木づちでたたきます

つばのかわりに

ぺちゃんこになった生ごみを、まんぞくそうに見つめながら、吉田《よしだ》さんがたずねました。

「みんながごはんをかむと、なにがまざるかな？」

どの子も、首をかしげながら考えています。あ、元気に手があがりました。

「つば！」

吉田《よしだ》さんが、小さくはくしゅをしました。

「そう、よくわかったね。つばは、食べたものにまじって、消化《しょうか》しやすくしてくれるんだよ。だから、つばのかわりに、この『米ぬかぼかし』を入れてあげましょう。これをまぜると、菌《きん》ちゃんが生ごみを食べやすくなるんだ」

吉田《よしだ》さんは、うす茶色のこなが入ったビニールぶくろを、みんなの前に出しました。

米ぬかは、お米の皮《かわ》をとりのぞくとき、つまり精米《せいまい》するときに出る皮《かわ》が、こなになったものです。それを発酵《はっこう》させて、いい菌《きん》ちゃんだらけにしたものが、米ぬかぼかしです。

「さあ、これを手ですくって、においをかいでみて。それから、生ごみにかけてください。こんなふうにね」

吉田《よしだ》さんは、サラサラした米ぬかぼかしをひとつかみすると、そのまま、生ごみの上にパラパラとふりかけて、両手《りょうて》でまぜました。

「いい菌《きん》ちゃんは、いいにおいがするか

米ぬかぼかしには、いい菌《きん》ちゃんがいっぱい

ら、先に、においをしっかりかぐんだよ！」

「へえ、いいにおいがするの？」

「ほんと？」

みんな、両手《りょうて》ですくった米ぬかぼかしに、鼻《はな》をくっつけるようにして、クンクン、においをかぎました。

「おみそのにおいがする」

「おつけものみたい」

そのあと、見よう見まねで、生ごみの上にふりかけて、両手《りょうて》でまぜます。

生ごみはきたないと、みんな思っていたはずなのに、そんなことはもうわすれたようです。

すな遊《あそ》びのような気分で、まぜる動《うご》きがどんどん大きく、大きく、大きくなって……。すかさず、吉田《よしだ》さんの大声がとびました。

「こらっ！　人にかけるな！」

しかられるほど、はでにまぜたおかげで、生ごみと米ぬかぼかしは、しっかりとまざりました。

「よーし。つぎに、それを畑《はたけ》に入れて、おなかをすかせた菌《きん》ちゃんに食べてもらいましょう」

菌《きん》ちゃん、ごはんだよ

先生たちが、生ごみをブルーシートごと持《も》ちあげました。みんなは、少しはなれたところから身《み》をのりだして、のぞいています。

「せえの！」

みんな積極的《せっきょくてき》に手を出してどんどんまぜていきます

ザザザ――。

かけ声と同時に、先生たちがブルーシートをうらがえすと、生ごみが、畑《はたけ》の土の上にこんもりとのりました。

それを見とどけて、

「はい、こっちに来《き》てー」

吉田《よしだ》さんが、みんなに手まねきをしました。

そして、みんなが畑《はたけ》のまわりに集《あつ》まると、両手《りょうて》を広げてこう言ったのです。

「この土の中に、菌《きん》ちゃんがいっぱ

完成《かんせい》した「菌《きん》ちゃんのごはん」が、土の上にのりました

いいます！」

でも、菌《きん》ちゃんらしきものは、どこにも見えません。みんなは、きょろきょろしています。

「どこにいるの？」

「ほんとうにいるの？」

「見えないけど、ほんとうにいるんだよ。みんなにも、菌《きん》ちゃんがいることが、そのうちきっとわかるからね。

さて、これから菌《きん》ちゃんに、この生ごみを食べてもらうんだけど……今みたいに、土の上にのっていたんじゃ、土の中にいる菌《きん》ちゃんは、食べたくても遠すぎるね。きみたちだって、『北海道《ほっかいどう》にごちそうがあるよ。どうぞ食べてください』って言われても、こまるだろ？」

「飛行機《ひこうき》にのる！」

あははは。吉田《よしだ》さんが大きな口をあけてわらいました。

「菌《きん》ちゃんは、飛行機《ひこうき》にのれません。じゃあ、どうしたら菌《きん》ちゃんは、この生ごみを食べられるかな？」

「まぜる！」

ひとりが言うと、あとから、あとから、

「まぜる！」

「まぜる！」

こだまのように、同じ言葉《ことば》がひびきました。

「当たり！　じゃ、スコップで土の中にまぜてあげようね。しっかりまぜてよ！」

土の中の菌《きん》ちゃんが食べやすいように、生ごみをしっかりまぜます

スコップの数が少ないので、交代《こうたい》しながら、みんなで土と生ごみをまぜていきます。

「土をさわるのがいやだっていう子もいるけど、みんなは平気《へいき》だね」

吉田《よしだ》さんは、ちょっとうれしそうです。

「はい、じゃあ、今度《こんど》はその土を、かまぼこの形にします」

「かまぼこ？　山をつくるの？」

「そうだよ。雨がたくさんふっても、水がたまらないようにね」

うなずきながら、吉田《よしだ》さんは大きなスコップで、生ごみのまざった土をつみあげて、かまぼこ型《がた》のうねをつくっていきました。

「さあ、できた！　あとは……赤瀬《あかせ》校長、草を持《も》ってきてください」

「はーい、この前、みんなで草ぬきをしたから、どっさりありますよ」

吉田《よしだ》さんは、かまぼこ型《がた》に整《ととの》えた土に、運《はこ》ばれてきた雑草《ざっそう》をどんどんのせて、全体《ぜんたい》をおおいました。

「雑草《ざっそう》も、土の上にのせておくと少しずつ菌《きん》ちゃんに分解《ぶんかい》されて、野菜《やさい》の栄養《えいよう》になるんだよ。ぬいてすてるなんて、もったいないよ」

最後《さいご》にブルーシートで畑《はたけ》をおおって、きょうの作業《さぎょう》は終《お》わりました。吉田《よしだ》さんのひたいにも、みんなのひたいにも、あせが光っています。

「さあ、できた」

吉田《よしだ》さんは、ふうっと大きな息《いき》をはきました。

「こうしておけば、雨がふっても、土がぬれないからね。

雑草《ざっそう》も菌《きん》ちゃんのごはんになります

あとは、先生たちに『菌《きん》ちゃんに空気がとどくように、ときどきまぜてね』ってたのんでおきます。そしたら何日かで、菌《きん》ちゃんが、みんなをびっくりさせてくれるよ」

草をぬくと、なんか、こしがいたくなったけど、楽しかった。(かなと)

雨がふってもだいじょうぶなように、シートをかけました。ほんとうに菌《きん》ちゃんが食べるのかな? と思いました。(みお)

土づくりをしたとき、すごく楽しかったです。土づくりができたら、しょうらい、ひとりでも生きていけると思いました。(りょうへい)

菌《きん》ちゃんコラム 1

発酵《はっこう》と腐敗《ふはい》

やあ！ ぼくは菌《きん》ちゃん。ぼくたちは、とってもはたらき者《もの》なんだよ。ぼくたちの仕事《しごと》は、有機物《ゆうきぶつ》（動物《どうぶつ》や植《しょく》物《ぶつ》のからだを構成《こうせい》する物質《ぶっしつ》）を分解《ぶんかい》すること。目の前に分解《ぶんかい》できるものがあれば、すごいスピードで食べてはふえて、どんどん分《ぶん》解《かい》しちゃうよ。

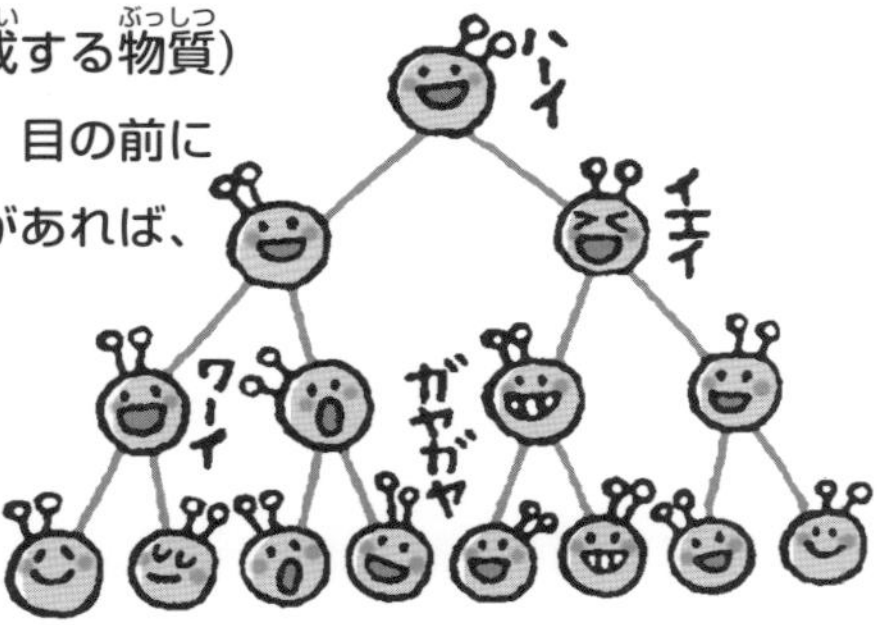

その分解《ぶんかい》のしかたには、「発酵《はっこう》」と「腐敗《ふはい》」のふたつがある。

たとえば、煮《に》た大豆《だいず》を納豆菌《なっとうきん》が分解《ぶんかい》すると、おいしい納豆《なっとう》ができるよ（発酵《はっこう》）。でも、腐敗菌《ふはいきん》が分解《ぶんかい》すると、人間にはとても食べられないようなものになっちゃうんだ（腐敗《ふはい》）。

人間は、昔《むかし》からぼくたちをうまく使《つか》って、納豆《なっとう》やヨーグルトやチーズなどの発酵食品《はっこうしょくひん》をつくってきた。人間は自分たちの役《やく》に立つかどうかで「いい菌《きん》」と「悪《わる》い菌《きん》」をわけるけれど、ひとつ言わせてほしい！ ぼくたち菌《きん》は、それぞれの持《も》ち場で、自分の仕事《しごと》をしっかりやってるだけなんだよ。

発酵《はっこう》

腐敗《ふはい》

イラスト：すみもとななみ

第《だい》4章《しょう》

すてるところに、栄養《えいよう》がいっぱい

三十六人の二年生が教室に集《あつ》まって、体育《たいいく》ずわりをしています。

さっきまでの土づくりは、太陽《たいよう》の下、あせをかきながら大はしゃぎでした。

でも、今はしずかに、黒板《こくばん》の前に立つ吉田《よしだ》さんを見あげています。

「みんなが持《も》ってきた生ごみ、ほんとうは、どうするものだった？」

「すてるものだった！」

「野菜《やさい》くずは、どんなのが多かった？」

「タマネギの皮《かわ》」

「キャベツのしん」

「ホウレンソウの根《ね》もと」

生ごみには、どんなものが入っていたかな？

「ナスのへた」

「うんうん。いろいろあったね。皮《かわ》もたくさんあったでしょう。じつはね、皮《かわ》には、栄養《えいよう》がたくさんあるんだよ。さて、ニンジンの中身《なかみ》と皮《かわ》、どっちのほうが栄養《えいよう》があるでしょうか？」

「中身《なかみ》を食べるから、中身《なかみ》かな？」

「あ、でも、皮《かわ》かも!?」

「きっと皮《かわ》だ」

「皮《かわ》、皮《かわ》！」

「すごい！　みんな、よく知ってるね」

いちばん前にこしをおろしている男の子が、吉田《よしだ》さんにささやきました。

「だって、皮《かわ》には栄養《えいよう》がたくさんあるって、菌《きん》ちゃん先生、今、言ったでしょ」

吉田《よしだ》さんは、とぼけたふうに、頭をつるりとなでました。

「そうか？　そんなこと、言ったか!?」

「言ったよ〜」

「言ったもん！」

教室のあちこちから、声がわきおこります。

吉田《よしだ》さんは、うんうんとうなずいて、話をつづけました。

「はい、そのとおり。答えは『皮《かわ》』です。たとえば、ニンジンの皮《かわ》は、中身《なかみ》にくらべて何倍《なんばい》も栄養《えいよう》がある。ナスの皮《かわ》がむらさき色なのは、そこにファイトケミカルっていう、栄養《えいよう》があるからなんだよ」

ファイトケミカル（フィトケミカル）は、糖質《とうしつ》、脂質《ししつ》、タンパク質《しつ》、ビタミン、ミ

食べ物《もの》にふくまれている栄養素《えいようそ》

1. **糖質《とうしつ》** からだを動《うご》かすエネルギーになる。ごはん、パン、めん類《るい》、イモ類《るい》などにふくまれる
2. **脂質《ししつ》** からだを動《うご》かすエネルギーになる。脂肪分《しぼうぶん》の多い肉や魚、油《あぶら》やバターなどにふくまれる
3. **タンパク質《しつ》** からだ（筋肉《きんにく》や皮《ひ》ふなど）をつくる材料《ざいりょう》になる。肉、魚、たまご、大豆《だいず》などにふくまれる
4. **ビタミン** からだの調子《ちょうし》を整《ととの》える。野菜《やさい》やくだものなどにふくまれる
5. **ミネラル** ほねや血液《けつえき》をつくるほか、からだの調子《ちょうし》を整《ととの》える。海産物《かいさんぶつ》やナッツ類《るい》などにふくまれる
6. **食物繊維《しょくもつせんい》** 腸《ちょう》の環境《かんきょう》を整《ととの》える。野菜《やさい》やくだものなどにふくまれる
7. **ファイトケミカル** 病気《びょうき》や老化《ろうか》を予防《よぼう》する。野菜《やさい》やくだものの色素《しきそ》や香《かお》り、苦《にが》み、辛《から》み成分《せいぶん》などにふくまれる

ネラル、食物繊維《しょくもつせんい》につづく第七《だい》の栄養《えいよう》素《そ》のことです。

「それからね、タマネギの皮《かわ》にも栄養《えいよう》がいっぱいあるんだよ。これは皮《かわ》の王さまです。だけど、いかにも、まずそうだね〜」

そう、だれが考えても、うすくてパリパリした皮《かわ》は、食べるどころか、口に入れる気にもなりません。

「でも、すごく栄養《えいよう》があるから、すてたらもったいないよ。おなべで何分か煮《に》て、茶色くなったしるをカレーやみそしるに使《つか》うといいんだ。色がつくの

タマネギの皮《かわ》を煮《に》ると、お湯《ゆ》が茶色くなります。
この中にふくまれるファイトケミカルは、血液《けつえき》をサラサラにしてくれます

は、栄養《えいよう》が、しるに出てるってことだからね。
みんなはお母さんに、『皮《かわ》をすてないで』って言えるかな?」

「はーい!」

皮《かわ》をすてないで、皮《かわ》をすてないで――となり同士《どうし》で言いあって、みんな、わすれないように一生けんめい。

きょう、学校から帰ったら、さっそくお母さんにつたえるつもりです。

タマネギの皮《かわ》をすてないでって、お母さんに言いました。そしたら、カレーのしるになりました。味《あじ》はわからないけど、栄養《えいよう》があるから、よかったです。
(りえ)

家では、リンゴの皮《かわ》もいっしょに食べています。ニンジンの皮《かわ》とダイコンの皮《かわ》を、きんぴらにして食べています。(みさき)

つぎに、吉田《よしだ》さんは、たて半分に切ったキャベツを手にすると、みんなに断面《だんめん》がよく見えるよう、前につきだしました。

「ほら、ここを見てごらん。ほら、ここ」

何重《なんじゅう》にも重《かさ》なった葉《は》の中心に、白いしんがあります。そのしんから、小さな小さな葉《は》っぱが、いくつも顔を出しています。

「これはキャベツのあかちゃんだよ。キャベツやレタス、コマツナ、チンゲンサイなどの葉物野菜《はものやさい》は、こ

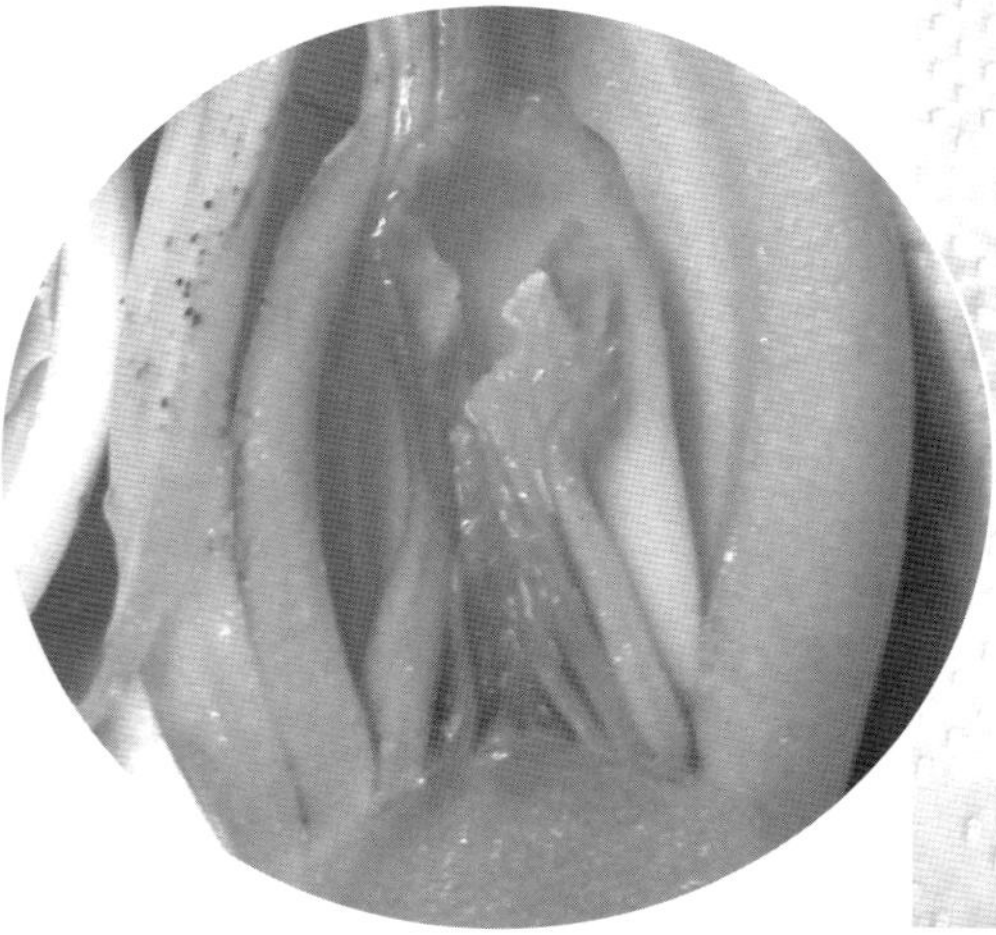

しんの部分《ぶぶん》から、小さな葉《は》が出ているのが見えます

チンゲンサイの断面《だんめん》

んなふうに、しんの部分《ぶぶん》から葉《は》が出てくるんだよ」

「見せて、見せて」

子どもたちが、おしりをうかせて、吉田《よしだ》さんの手もとをのぞきこみました。

「あ、ほんとだ」

「ちっちゃ～い」

「葉《は》っぱのあかちゃん！」

「この葉《は》っぱのあかちゃんは、これからぐんぐんのびるところだから、すごく元気なの。で、そんな葉《は》っぱが出てくるということは、そこにはやっぱり、元気がいっぱいつまってるわけです。そんな元気いっぱいのところを――」

吉田《よしだ》さんは、黒板《こくばん》に、「生長点」と大きく書きました。

「セイチョウテン、って言うんだよ。おぼえてね、はい、セイチョウテン」

みんなが、くりかえします。

「セイチョウテン！」

「生長点を食べるってことは、いちばんエネルギーの強いところを食べるってことなんだよ。キャベツのしんなんか、最高《さいこう》だよ。みんなも食べたら元気モリモリになるんだから、すてないで食べようね」

赤瀬《あかせ》校長が、にっこりわらいました。

「菌《きん》ちゃん先生が元気なのも、生長点を食べてるからですね」

「そのとおり！」

吉田《よしだ》さんは、ごうかいにわらいました。

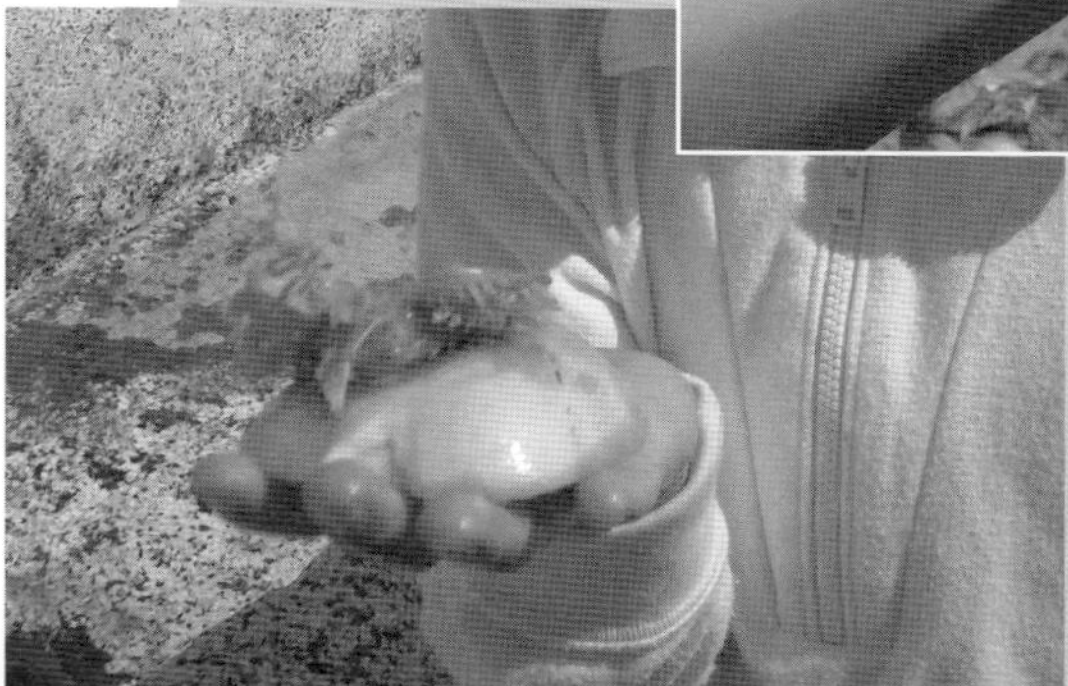

生ごみの中に、レタスのしんや、ダイコンの切れはしなど、生長点がたくさんありました。すてたらもったいないね！

野菜《やさい》のしんや、皮《かわ》や、生長点のことを知らなかった。教えてもらって、すごいと思ったことがいっぱいありました。（こうへい）

いよいよ授業《じゅぎょう》も終《お》わりに近づいて、吉田《よしだ》さんはいっそう声を大きくしました。

「畑《はたけ》にいる菌《きん》ちゃんも、今ごろは元気いっぱいだね。なにしろ、きょう、栄養《えいよう》たっぷりの生ごみをもらったんだからね。……はい、ちょっとそこのふたり、前に来て」

もじもじしながら、ふたりが前に出ると、赤瀬《あかせ》校長と小吉《こよし》先生、田栗《たぐり》先生の三人が手をつないで輪《わ》をつくり、ふたりをその中に入れました。

「さあ、このふたりは、土の中にいる菌《きん》ちゃんです。今、生ごみを食べて元気になりました！　するとね、菌《きん》ちゃんは倍《ばい》にふえます。はい、つぎのふたり、こっちに来て！」

はずむように立ちあがったふたりが、つないだ手の中に入りました。

ふたりの
菌《きん》ちゃんが……

４人に
ふえました

さらに８人になって……。
土の中では、菌《きん》ちゃんが
どんどんふえていきます

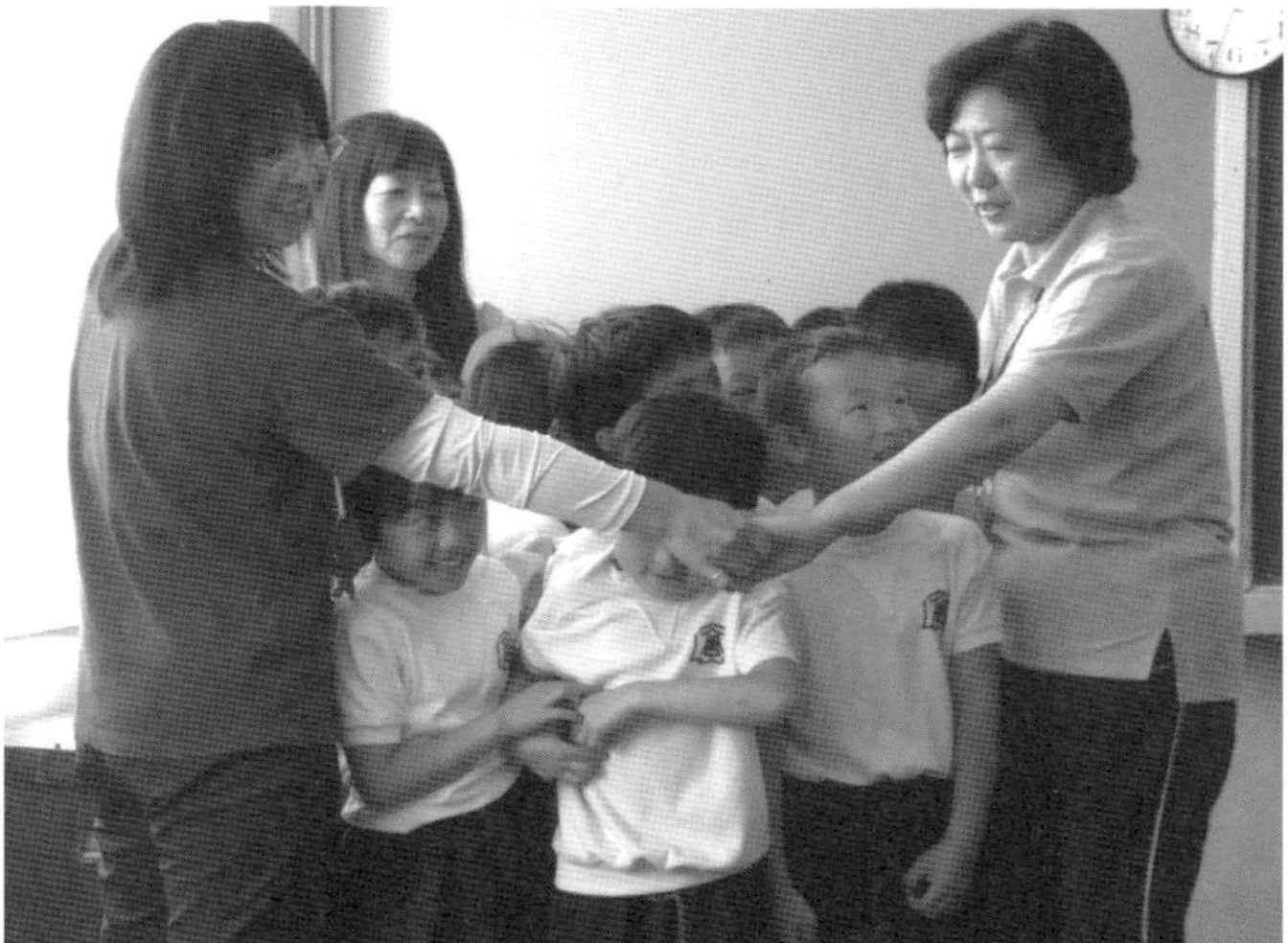

「これで四人になったよ。この四人が、また倍《ばい》にふえます。はい、入って入って」

さらに四人がくわわって八人になると、もう輪《わ》の中はぎゅうぎゅうです。

「こんなふうにね、ごはんをもらった菌《きん》ちゃんたちは、土の中でどんどんふえて、三日くらいで土の中は菌《きん》ちゃんだらけになります。おしくらまんじゅうするくらいにふえるんだよ。

そうなると、さっき言ったように、空気が足らなくなるの。だから、何日かたったら、土をよーくまぜて、空気を入れてあげてね。ふしぎなことが起《お》きるからね」

こうして、吉田《よしだ》さんの一回目の授業《じゅぎょう》は終《お》わりました。

今、土の中では、菌《きん》ちゃんが生ごみを食べているのでしょうか？

ふしぎなことが起きるって、いったいどんなことでしょう。

菌《きん》ちゃんコラム 2

野《や》菜《さい》の栄養《えいよう》はどこにある？

タマネギ

皮《かわ》を煮《に》るとできる茶色いしるは、カレーやみそしるに。根《ね》はぎりぎりのところで切って、生長点をのこそう

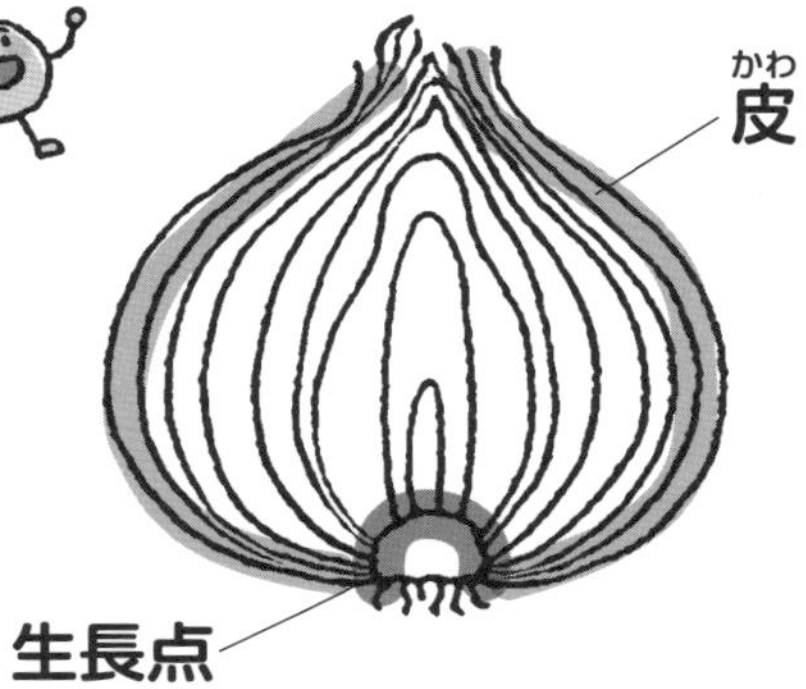

ニンジン

きれいな皮《かわ》は、むかないで食べよう。生長点の部分《ぶぶん》や葉《は》も食べられるよ

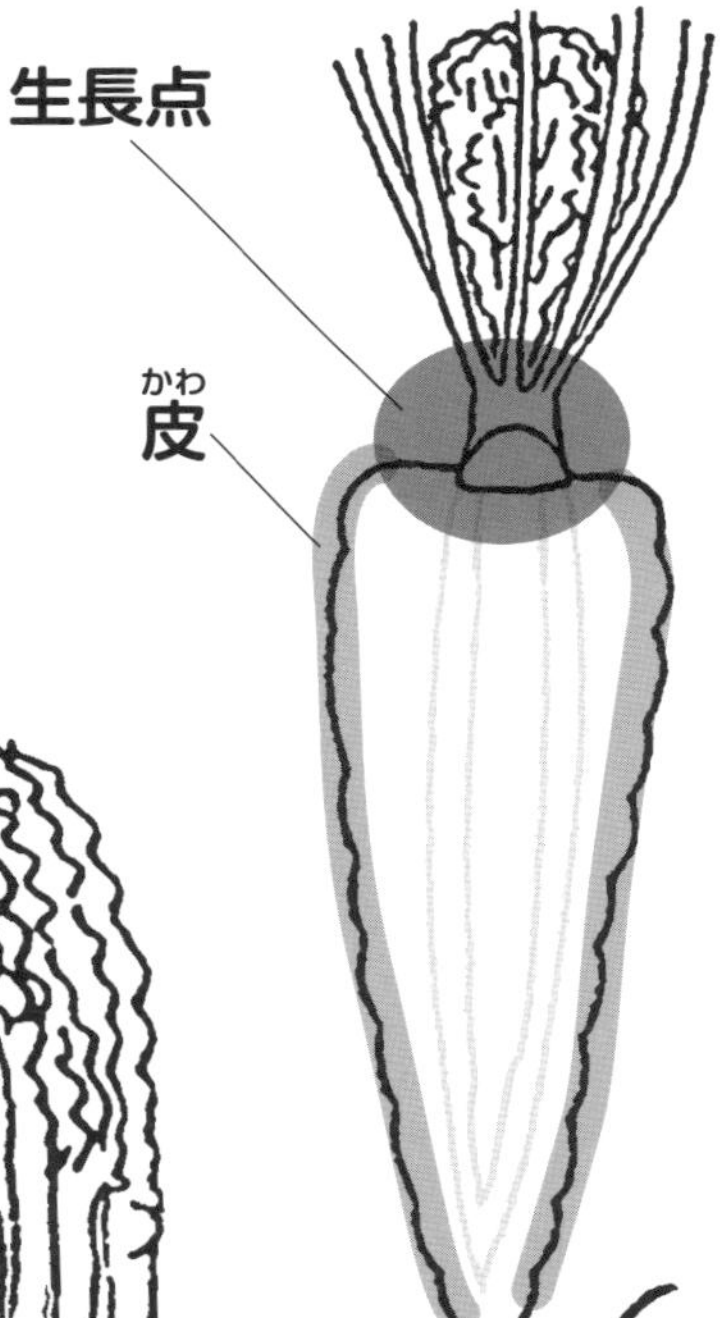

ハクサイ

しんの部分《ぶぶん》はうすく切って、いためものやみそしるの具《ぐ》にしよう

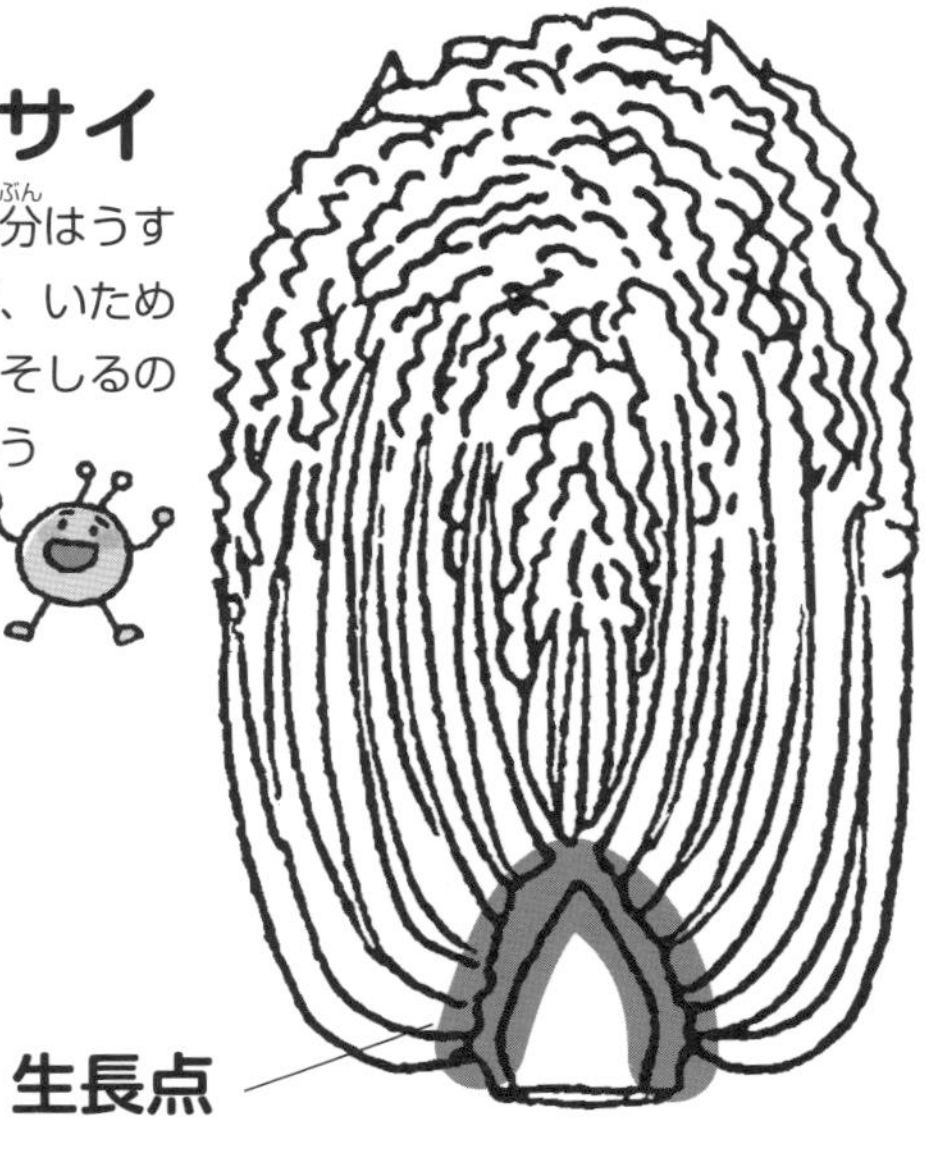

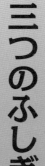

第《だい》5章《しょう》 三つのふしぎ

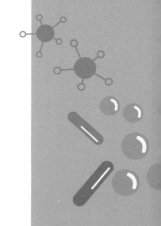

白い土

「生ごみ、どうなったかなあ」

「菌《きん》ちゃん、ふえてるかなあ」

土づくりをしてからというもの、みんなは畑《はたけ》が気になってしかたがありませんでした。

ゴールデンウイーク中なのに、毎日のように学校にやってきては、畑《はたけ》をのぞいていきます。

そして、まちにまった休み明けの五月八日。菌《きん》ちゃんに、生ごみのごはんをあげて、七日目のことです。

「さあ、みんなで、畑《はたけ》の土を見てみましょう」

赤瀬《あかせ》校長の号令《ごうれい》で、小吉《こよし》先生と田栗《たぐり》先生がブルーシートのはしを持《も》ちました。

「よいしょっと」

かけ声をかけて、ブルーシートをめくります。

「うわあ！」

「きゃあ！」

なんと、土の表面《ひょうめん》が、なにか白いものでおおわれていて、うっすらと雪がつもっているようではありませんか。

みんなは思わず、畑《はたけ》にかけよりました。

「びっくりした？　じゃあつぎは、その白いところのにおいをかいでごらん」

おそるおそる両手《りょうて》をのばして、土をすくいとる子。いきおいよく、ガバッと土をつかみとる子。そして、鼻先《はなさき》に持《も》っていって、クンクンクン……。

土の表面《ひょうめん》に、白いものがあらわれました。
菌《きん》ちゃんが目に見えるのは、このときだけ！

「あれっ？　おみそのにおいがする！」
赤瀬《あかせ》校長が、よくひびく声で言いました。
「すごいでしょう。その白いのは、有用《ゆうよう》白カビ菌《きん》という菌《きん》ちゃんなんだよ。でも、土にまぜこんでしまうから、見られるのは今だけなの。見ることができてよかったね」

きょうの菌《きん》ちゃんは、たぶん、五百人くらいいると思いました。（ひな）

白いのが菌《きん》ちゃんだな、と思いました。生ごみをいっぱいつぶしたから、食べやすくて、菌《きん》ちゃんがいっぱいになったんだと思いました。（こうき）

土があたたかい!?

全員《ぜんいん》が、白い土にふれたり、においをかいだりしたあとで、赤瀬《あかせ》校長が、

「いよいよ本日のお楽しみ。つぎは、もっとびっくりするわよ」

と声をかけました。

「順番《じゅんばん》にならんで。はい、畑《はたけ》の土をちょっとほって、手を入れてみましょう」

(土の中に手を入れる?)

土の中がどうなっているのかを、吉田《よしだ》さんから聞いて知っている先生たちは、ニコニコしています。

何人かがしゃがんで、おそるおそる両手《りょうて》を土の中に入れてみると……その目がみるみる大きくなりました。

「うわあ、あったかい」

「おふろみたい!」

ほんの一週間のあいだに、畑《はたけ》の土に、ふしぎなことが起《お》こっていました。

みんなは、びっくりぎょうてん。

赤瀬《あかせ》校長は、ひとりひとりの顔をのぞきこむようにして、言いました。

「どうしてあったかいかと言うとね、生ごみを食べてふえた菌《きん》ちゃんが、土の中いっぱいになって、おしくらまんじゅうしているからなんだよ」

「へえ……」

みんな、手を入れたまま、土を見つめています。

「菌《きん》ちゃん、ほんとうに、ここにいるんだね」

土がおふろみたいにあったかくて、みんなびっくり

生ごみがきえた

「じゃあ、今度《こんど》は土をよく観察《かんさつ》してみましょう。みんながまぜた生ごみは、どうなっているかな？」

赤瀬《あかせ》校長がそう言うと、みんな、土をまぜかえしたり、手でほったりして、生ごみをさがしました。

でも、さがしてもさがしても、生ごみは出てきません。

「あれ？　ないよ」

「どこにも、なーい」

「ほんとうに、菌《きん》ちゃんが食べちゃったんだ！」

そのとき、男の子が、白っぽいかたまりを見つけて、高くかかげました。

「先生、キャベツのしんが、のこってた！」

赤瀬《あかせ》校長が、その子の頭をなでながら、たずねました。

「ほんとだ。ねえ、どうしてのこってたのか、わかる?」

「えーっとね、……大きいから菌《きん》ちゃんが食べにくかった!」

「すごーい。よくわかったね」

その子は、ちょっとてれながら、にっこりと赤瀬《あかせ》校長を見あげます。

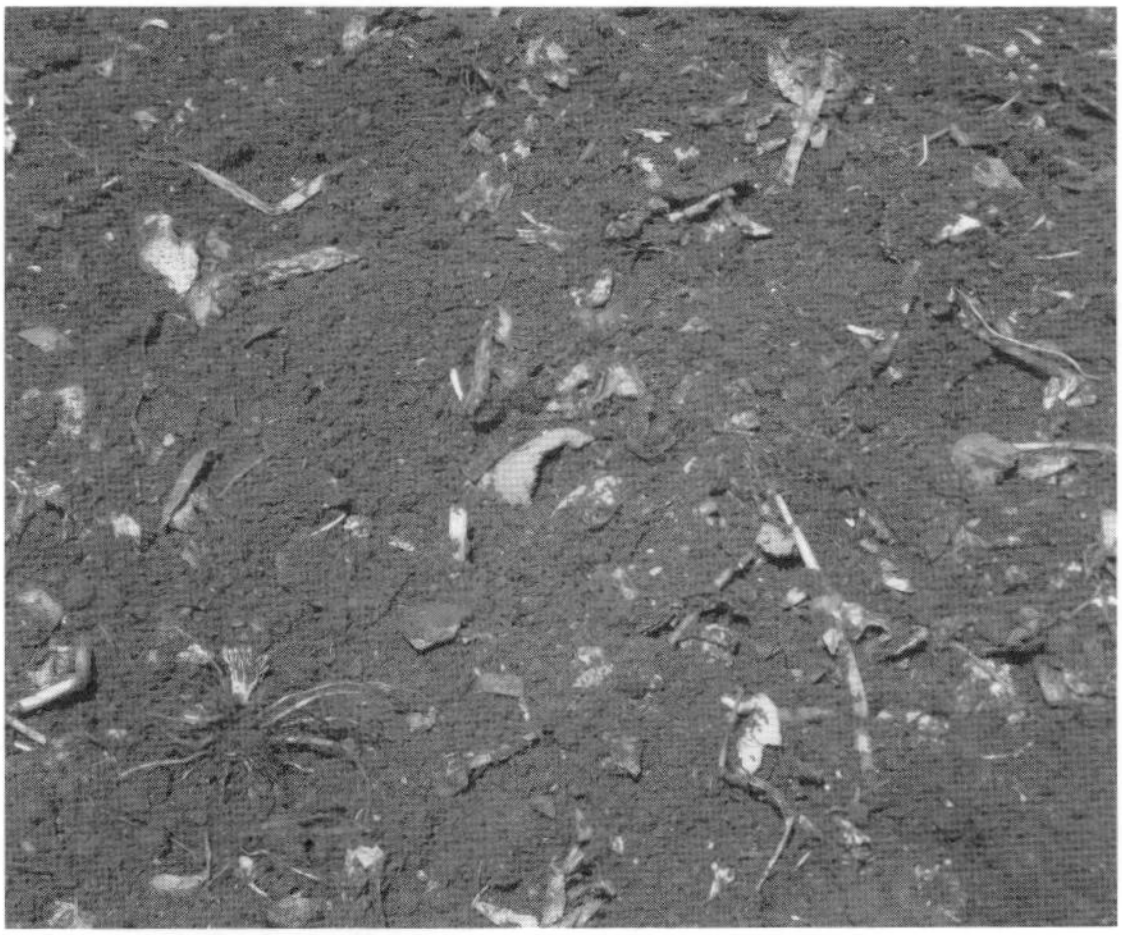
生ごみをまぜた直後の土

あれれ?　生ごみがなくなってる!

最後《さいご》にみんなで、スコップで土をしっかりまぜて、いっぱいいる菌《きん》ちゃんが苦《くる》しくないように、空気をたっぷり送《おく》ってあげました。

土をさわったら、あつくて、まぜたら生ごみがきえていました。たくさんの生ごみがきえていたので、びっくりしました。（こうき）

校長先生と土をまぜて、あったかかったです。ミミズとかいたけど、菌《きん》ちゃんが生ごみを食べてくれてて、うれしかったです。（かのん）

生ごみはほとんどなくて、においはしませんでした。土は、あたたかかったし、気持《きも》ちよかったです。もっとさわりたかったです。（るな）

生ごみを土に入れてまぜたときは、生ごみがなくなるのか、わからなかった。けど、二回目に見たとき、生ごみがほとんどなくなっていて、びっくりしました。（たける）

菌《きん》ちゃんコラム 3

土の中でなにが起《お》きたの？

土の中にすんでいる菌《きん》たちの正体は、カビ（糸状菌《しじょうきん》）、乳酸《にゅうさん》菌《きん》、酵母菌《こうぼきん》、放線菌《ほうせんきん》など。１グラムの畑《はたけ》の土に、なんと 10 億《おく》以上《いじょう》の菌《きん》がいるんだ！

菌《きん》たちは、土に入ってくる有機物《ゆうきぶつ》（落《お》ち葉《ば》や動物《どうぶつ》のふんなど。今回の場合は生ごみ）を分解《ぶんかい》し、植物《しょくぶつ》が育《そだ》つのに必要《ひつよう》な栄養《えいよう》にかえることができるんだ。

みんなが入れてくれた生ごみは、かたい部分《ぶぶん》はカビ、やわらかい部分《ぶぶん》は乳酸菌《にゅうさんきん》や酵母菌《こうぼきん》たちが分解《ぶんかい》するよ。カビがどんどんふえると、土の上に白い菌糸《きんし》が見える。そのときの土の中は温度《おんど》があがって、ほっかほかだ。

さらに、放線菌《ほうせんきん》やその他《た》の細菌《さいきん》がふえて、生ごみを食べちゃうよ。分解《ぶんかい》できる生ごみがなくなると、土の温度《おんど》がさがる。

有機物《ゆうきぶつ》を分解《ぶんかい》するとき、菌《きん》ちゃんはガスや糊状物質《のりじょうぶっしつ》（ねばねば）を出すよ。だから、畑《はたけ》の土がふかふかで栄養《えいよう》たっぷりになるんだ！

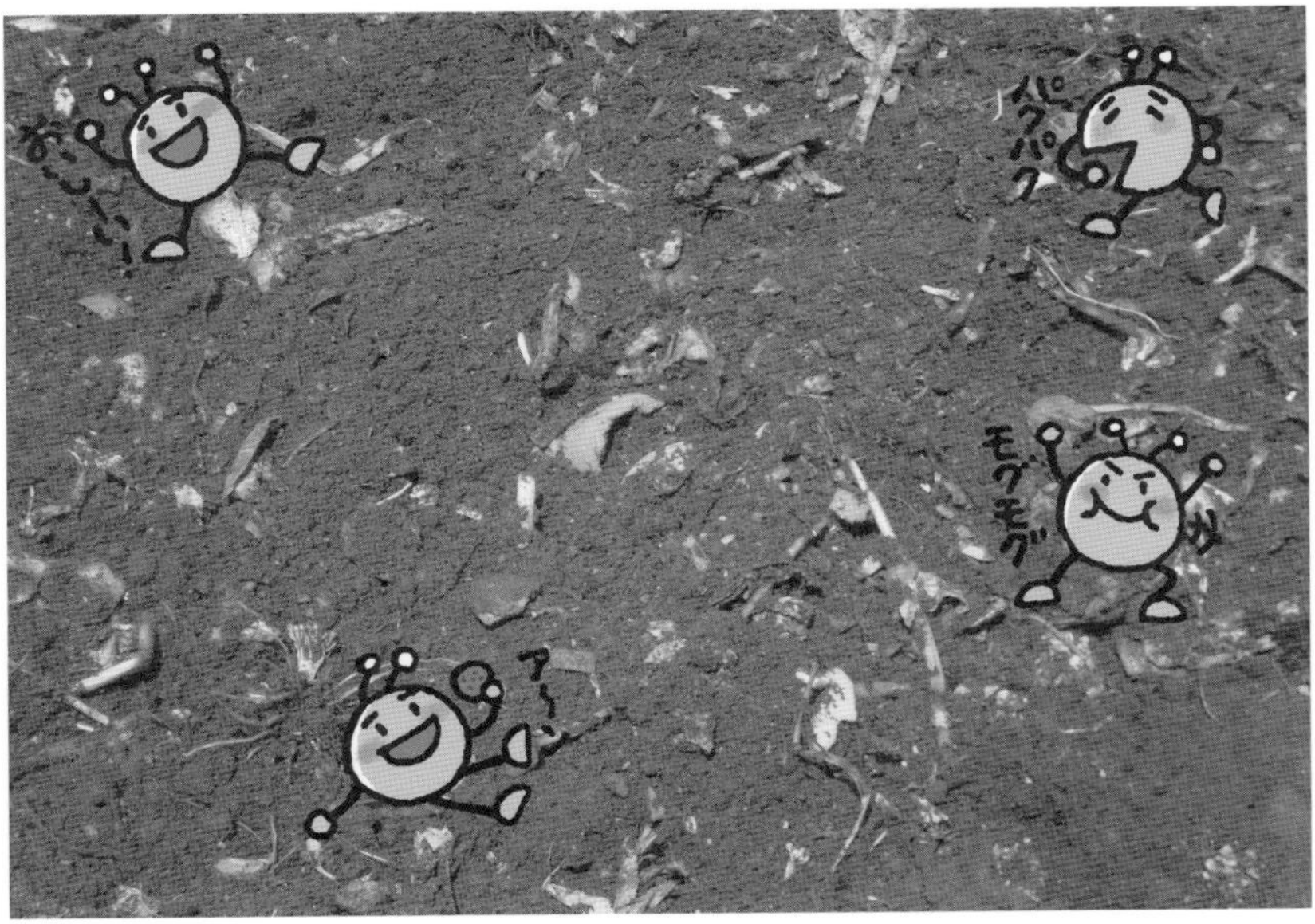

第《だい》6章《しょう》

なえを植《う》えよう

六月二日の朝。

空は灰色《はいいろ》で、細い雨がパラパラとふっていました。でも、一カ月ぶりにやってきた吉田《よしだ》さんは元気いっぱい。

「みんな、土があったかくなったの、わかった？」

「うん！　あったかかった」

「気持《きも》ちよかった！」

「そうか、それはよかった」

うなずく子どもたちを見て、それはそれは、うれしそうです。

畑《はたけ》の前には、ビニールポットに入った、ナスとピーマンのなえが、ずらりとならんでいました。いよいよ、菌《きん》ちゃんがいっぱいいる畑《はたけ》に、野菜《やさい》のなえを植《う》えていきます。

「まず、なえをポットから出しましょう。かんたんだから、よく見ててね」

吉田《よしだ》さんは、人さし指《ゆび》と中指《なかゆび》で、ピーマンのくきをはさむようにしてポットを持《も》ち、ひょい、とさかさまにしました。

そっとゆらすと、なえの根《ね》の部分《ぶぶん》が、ポットから土ごとスポッとぬけます。

「はい、みんなもやってごらん」

みんなしんけんな顔で、ポットを手にして、

「こうかな？」

おそるおそる、さかさまにします。

ポットからなえを出します

「なえを出したら、根《ね》っこまわりの土をちょっとほぐしてあげてね。そうすると、ピーマンの根《ね》が、菌《きん》ちゃんがいる土のほうにのびやすくなるからね。

じゃあ、土をスコップでちょっとほってから、なえを植《う》えましょう。くきがまっすぐになるように植《う》えてあげてください」

こうして、畑《はたけ》にはピーマンとナスのなえがきれいにならびました。

つぎに、みんながぬいた校庭《こうてい》の雑草《ざっそう》を、たっぷり、なえのまわりにのせていきます。さらに、草の上に段《だん》ボール

なえを土にしっかりと植《う》えます

をのせます。

こうしておけば、梅雨《つゆ》の時期《じき》に雨がふりつづいても水分が入りすぎないし、ぎゃくに、かわきすぎることもありません。

雑草《ざっそう》は少しずつ菌《きん》ちゃんに分解《ぶんかい》されて、野菜《やさい》の栄養《えいよう》になっていきます。

畑《はたけ》にならぶ小さななえ――自分の手で植《う》えたなえに、みんな、エールを送《おく》ります。

元気に育《そだ》ってね！

おいしい野菜《やさい》ができますように！

雑草《ざっそう》を、たっぷりのせて……

なえの部分《ぶぶん》にあなをあけた段《だん》ボールでおおえば、植《う》えつけ完了《かんりょう》

菌《きん》ちゃん先生と、なえを植《う》えたよ。なえをひっくりかえして、ぶよぶよしたケースから出して、根《ね》っこを広げてから、植《う》えたよ。（そら）

植《う》えるときに、ミミズがいました。びっくりしました。さわったら動《うご》きました。おもしろかったです。（あきら）

雨が、もやもやふっているあいだに、なえを植《う》えました。植《う》えたなえに、おふとんみたいに土をのせました。土がかたくならないように、草と、あなをあけた段《だん》ボールをかぶせました。（ひな）

植《う》えたあとに、草をかぶせて、段《だん》ボールもかぶせるやり方は、はじめて知りました。おいしい野菜《やさい》になってほしいです。（とうこ）

きのう、雑草《ざっそう》をとって、野菜《やさい》の土のところにおきました。ピーマンを見ると、背《せ》がちっちゃかったのに、大きくなっていました。うれしかったです。（てら）

第《だい》7章《しょう》 菌《きん》ちゃん野菜《やさい》ができたよ！

七月十五日。晴れ。

なえを植《う》えてから、一カ月半がすぎました。

そのあいだも、何度《なんど》か畑《はたけ》の雑草《ざっそう》をぬいては、なえのまわりにおきました。なえはだんだんと大きくなって、みんなは、それを見るのが楽しみでなりません。

このところ、雨がふりつづいていましたが、きのう、きょうと、強い日ざしがてりつけています。

「さあ、きみたちがつくった野菜《やさい》のまわりに集《あつ》まってくださーい！」

大きな声が青空にひびきました。夏の畑《はたけ》仕事《しごと》ですっかり日にやけた吉田《よしだ》さんと、三十六人の子どもたちが、ワイワイと畑《はたけ》に入ります。

「悪《わる》い菌《きん》ちゃんがふえたり、虫が野菜《やさい》を食べたりしていないかな、って心配《しんぱい》してたけどね。きょう、ここに来て、ホッとしています」

吉田《よしだ》さんは、やさしい目をして、ピーマンの葉《は》をそっとなでました。

「ピーマンの葉《は》、きれいだね。こんなに大きくて、おいしそうな葉《は》っぱなのに、虫もあまりくってないね」

吉田《よしだ》さんは、みんなの顔をぐるりと見回しながら、言いました。

「野菜《やさい》が育《そだ》つために欠《か》かせないものは、ふたつ、あるんだよ。ひとつ目は、太《たい》陽《よう》の光。ふたつ目は、土から吸収《きゅうしゅう》する栄養《えいよう》だ。

ずっとお天気がよくなかったから、このピーマンさんは、太陽《たいよう》の光をたくさんあびることができなかったね。それに、土には、生ごみと米ぬかぼかしを入れただけで、肥料《ひりょう》は入れていない。それなのに、どうしてこんなに大きく育《そだ》つことができたと思う？」

みんなは、これまでやってきたことを思いだしながら、元気に答えました。

みんなが大切に育《そだ》てた野菜《やさい》を見て、吉田《よしだ》さんもうれしそうです

つやつやのピーマンがなっていました

「菌《きん》ちゃん！」

「菌《きん》ちゃんが、栄養《えいよう》をつくってくれた！」

吉田《よしだ》さんが、人さし指《ゆび》をピッと立てました。

「そう！　みんながちぎったり、ふんづけたりした生ごみを、菌《きん》ちゃんが食べて、土の栄養《えいよう》をつくってくれたんだ。このピーマンさんは、菌《きん》ちゃんがつくった栄《えい》養《よう》を吸収《きゅうしゅう》したおかげで、こんなに元気に育《そだ》ったんだよ。

生ごみから野菜《やさい》ができるなんて、すごいよね。菌《きん》ちゃんのおかげだね」

「そうかあ！」

栄養《えいよう》いっぱいの菌《きん》ちゃん野菜《やさい》ができました

「菌《きん》ちゃんって、すごいね！」

みんな、大きくうなずきました。

「さて、みんなハサミを持《も》ったかな？　じゃあ、野菜《やさい》を収穫《しゅうかく》してくださーい」

収穫《しゅうかく》が終《お》わったあと、みんなは教室に集《あつ》まりました。

吉田《よしだ》さんは、調理室《ちょうりしつ》からまな板《いた》と包丁《ほうちょう》、そしてボウルもかりてきて、トントンとナスを切っては、ボウルに入れています。

しんけんな顔つきで、ナスに塩《しお》をパラパラとふりかけ、ボウルごとゆすって、「これでよし」と、にっこり。

それをつくえの上において、みんなのほうを向《む》きました。

「はい。これから、みんなに菌《きん》ちゃん野菜《やさい》を食べてもらいます。ナスはさすがにそのままじゃ食べにくいから、塩《しお》をまぶしました」

吉田《よしだ》さんの手もとには、そのナスやピーマンだけでなく、吉田《よしだ》さんが自分の畑《はたけ》から持《も》ってきた、とれたてのミニトマト、キュウリが、どっさりならんでいます。

「ほら、このキュウリ、しんせんだから、イボイボがあるね。とっても大きく育《そだ》ってるでしょ。どうしてかな？」

「菌《きん》ちゃん！」

「生ごみ！」

「あははは。おぼえてくれたね。じゃ、みんな、すきなのをとって、それをよくながめてください。ナスを食べたい人は、このボウルからね」

みんな、どやどやと前に出てきまし

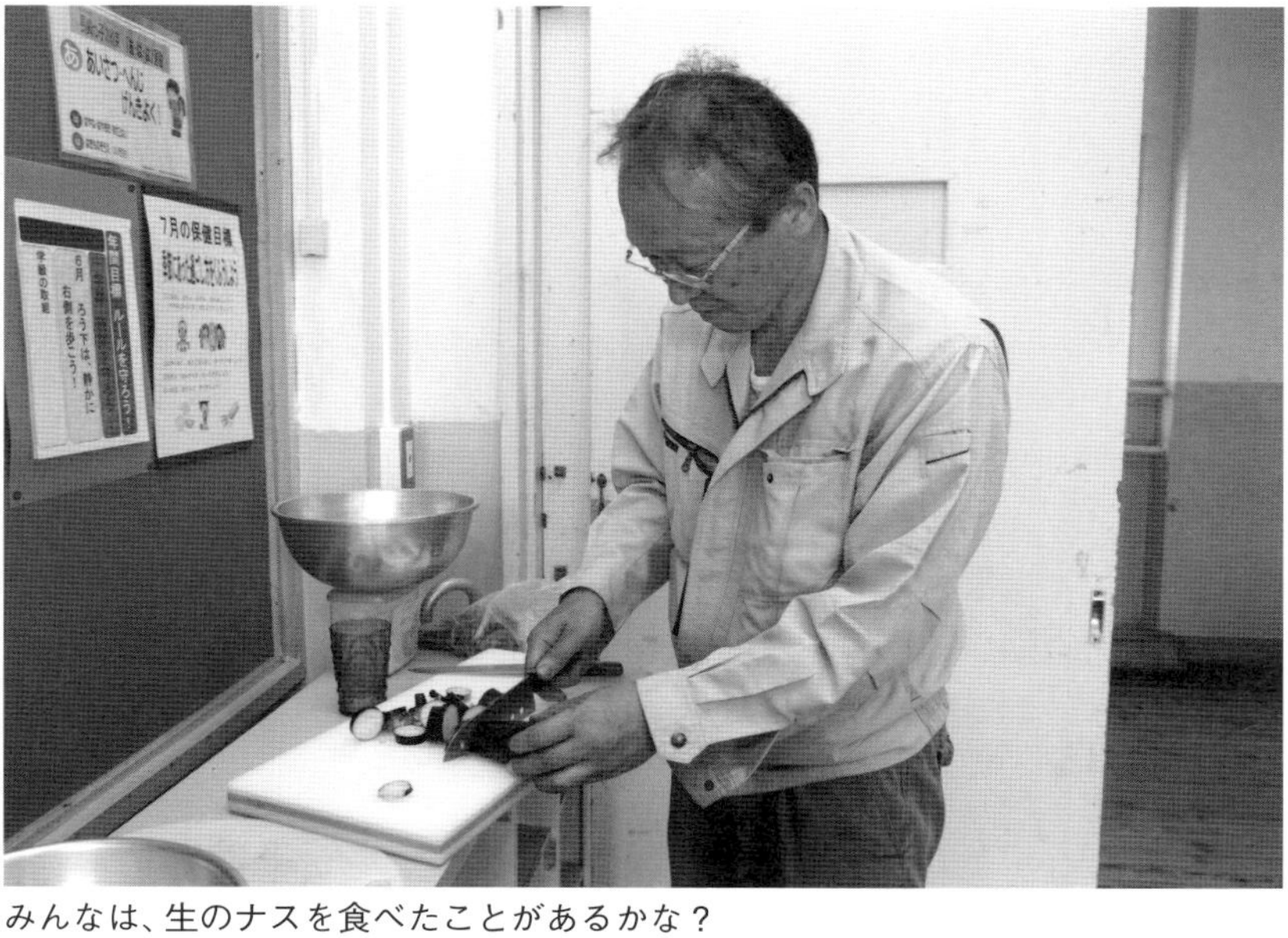

みんなは、生のナスを食べたことがあるかな？

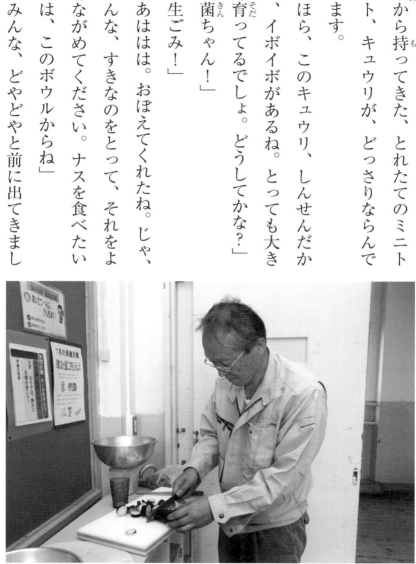

た。思い思いの野菜《やさい》を手にして、席《せき》にもどります。

「いいかい。ちゃんと『いただきます』って言ってから、食べるんだよ。『いただきます』は、食べ物《もの》のいのちをいただくことに、感謝《かんしゃ》する言葉《ことば》なんだよ」

「はーい！　いただきます」

「いただきまーす」

教室のあちこちで声がひびいて、みんなは野菜《やさい》を食べはじめました。

「味《あじ》は、どう？」

吉田《よしだ》さんがたずねると、女の子は、すぐに答えました。

「あまい！」

「なに食べたの？」

「ミニトマト」

「ぼくは、キュウリ、食べたよ」

「ぼくは、ナス！」

ナスが苦手《にがて》という子も、「おいしい！」と、何度《なんど》もおかわりしました

菌《きん》ちゃん先生が持《も》ってきてくれたミニトマト、あまくておいしい！

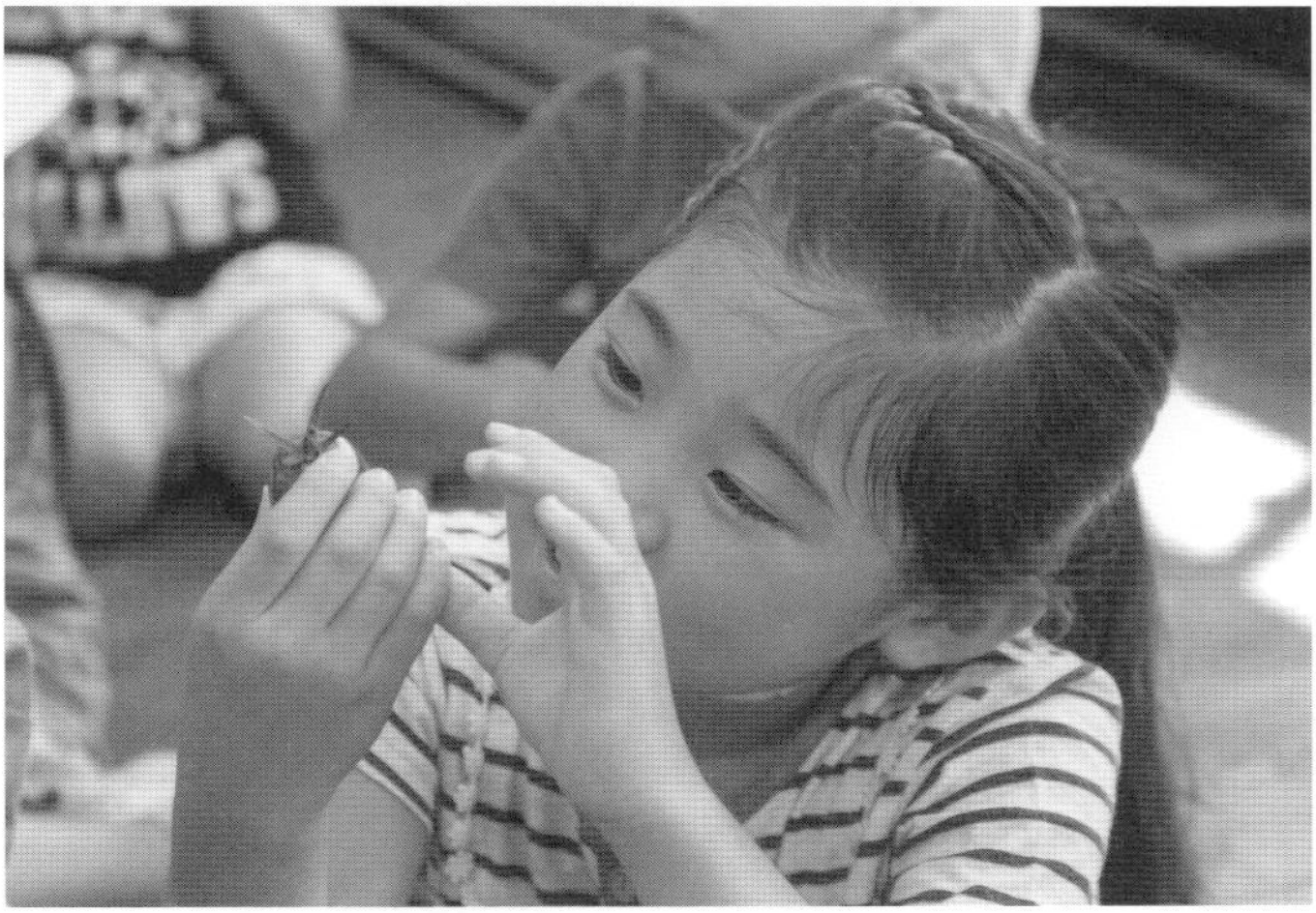

つやつやで大きなミニトマトをじっくり観察《かんさつ》

キュウリも丸ごとガブリ

横《よこ》からも、うしろからも声があがって、ワイワイガヤガヤ。吉田《よしだ》さんも、目じりにしわをいっぱいよせて、ほほえんでいます。

「そうだろう、うまいだろう!?　ナスはどうだった？」

「やわらかい」

「あまかった！」

「すごくおいしかった！」

「土づくりのときには、生で食べるなんてむり、って言ってたのに、みんな、生でかじってるね」

そのとき、ひとりの男の子が、とことこと前に出て、ボウルをのぞきこみました。

「もうちょっと、食べていい？」

「もちろんだよ。おや、きみは、野菜《やさい》が大きらい、って言ってたよね」

「うん！」

その子は、ニカッとわらってナスをひと切れつまむと、うれしそうに自分の場所《ばしょ》にもどりました。

「ナス、まだのこってるよ。もっと食べたい人？」

「はい！」

「はーい！」

「ぼくも！」

ボウルの中は、あっという間にからっぽです。

「おいしいか？」

ナスを食べている子に、吉田《よしだ》さんがたずねると、その子は、ちょっとてれながら、白い歯《は》を見せました。

「うん、おいしい」

みんな、野菜《やさい》を食べながら、しゃべったりわらったり。教室中に、笑顔《えがお》があふれています。

キュウリの皮《かわ》のイボイボの食感《しょっかん》が楽しくて、歯《は》で皮《かわ》だけかじって食べてしまった子がいます。

ナスを丸ごとかじっている子もいます。

吉田《よしだ》さんは、ニコニコしながら言いました。

「菌《きん》ちゃん野菜《やさい》は、ほんとうにおいしいだろう？　しかも、自分の手で育《そだ》てた野菜《やさい》だと、なおさらおいしいと思うんだよね」

生のナスビは、にがかったです。でもまた食べたい。もっと、生の野菜《やさい》を食べられるようになりたいです。（まさや）

ぼくはキュウリをもらいました。おいしかったです。もっと野菜《やさい》を食べます。（ゆうま）

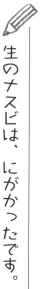

第《だい》8章《しょう》

菌《きん》ちゃん野菜《やさい》のパワー

ところで、吉田《よしだ》さんはなぜ、野菜《やさい》づくりに生ごみを使《つか》うようになったのでしょう。

吉田《よしだ》さんは農業《のうぎょう》をはじめたころから、化学肥料《かがくひりょう》は使《つか》わず、牛フンや落《お》ち葉《ば》をつみかさねて熟成《じゅくせい》させた堆肥《たいひ》を、畑《はたけ》の肥料《ひりょう》として使《つか》っていました。

そんなある日、吉田《よしだ》さんが参加《さんか》していた地球《ちきゅう》の環境問題《かんきょうもんだい》についての講演会《こうえんかい》でごみ問題《もんだい》がとりあげられました。

もう何十年も前から、日本は、ごみが多すぎて、すてる場所《ばしょ》にこまっていました。そのために、山をけずってうめたり、海をうめたてたりしてきたのです。

ごみの中には、野菜《やさい》の皮《かわ》やしん、魚のほねや、食べのこしなど、生ごみもたくさんふくまれています。

（そうだ、生ごみを土にもどせば、そのぶん、ごみがへるぞ）

吉田《よしだ》さんは、最初《さいしょ》はそんな気持《きも》ちから、堆肥《たいひ》のかわりに生ごみを使《つか》ってみたのでした。

　ところが、じっさいに生ごみを入れた土で野菜《やさい》をつくってみると、おどろくほど野菜《やさい》がりっぱに育《そだ》ちました。葉《は》が大きくて、緑《みどり》がこく、無農薬《むのうやく》なのに虫もつきません。そして、とてもおいしいのです。

（どうしてだろう）

元気な野菜《やさい》が育《そだ》つ、吉田《よしだ》さんの畑《はたけ》

いろいろ考えてみると、思い当たることが、ひとつありました。生ごみの中には、たくさんの野菜《やさい》くずがふくまれています。しかも、そのほとんどは、栄養《えいよう》がいっぱいの皮《かわ》や根《ね》や生長点です。

(そうか、野菜《やさい》のいちばん元気なところが、生ごみに入っているからだ。それを土にかえすことで、元気な野菜《やさい》が育《そだ》つにちがいない)

そこで吉田《よしだ》さんは、生ごみを入れた土でつくった野菜《やさい》が、ほんとうに元気かどうか、実験《じっけん》をしてみました。

1 自分がつくったナスと、お店で売っているナスを、それぞれ一センチメートルはばの輪切《わぎ》りにする。

2 輪切《わぎ》りにしたものをいくつか、お皿《さら》にのせて、ラップをかける。

3 そのまま、冷蔵庫《れいぞうこ》に入れずに一週間おく。

4 一週間後にくらべる。

左は吉田《よしだ》さんが育《そだ》てたナス。右はお店で売っていたナス

一週間後、大きなちがいがあらわれました

この実験《じっけん》で、一週間たつと、お店で売っていたナスは、もうくさっていました。ところが、生ごみを入れた土で育《そだ》ったナスは、くさるどころか、変色《へんしょく》もしていません。さらに、実《み》の白い部分《ぶぶん》が、緑色《みどりいろ》がかっています。

吉田《よしだ》さんは、その強さに、びっくりしました。

(くさるのは、その野菜《やさい》が生きることをあきらめたってこと。ぎゃくに、うすい緑色《みどりいろ》が出てくるのは、生きようと、がんばっているしょうこ。つまり、野菜《やさい》に生命力《せいめいりょく》があるってことだ。

すてられるはずだった生ごみが菌《きん》の力で土にかえって、また新しい野菜《やさい》を育《はぐく》む。それも、こんなにも元気な野菜《やさい》を……。そして、その生命力《せいめいりょく》をわたしたちがいただくんだ。いのちがそんなふうにつながっていくなんて、なんてすばらしいことなんだろう!)

吉田《よしだ》さんは、それから、多くの幼稚園《ようちえん》・保育園《ほいくえん》や小学校で、「菌《きん》ちゃん野菜《やさい》のつくり方」を教えるようになったのです。

たくさんの子どもたちに、菌《きん》ちゃん野菜《やさい》づくりをとおして、いのちのつながりを感《かん》じてもらいたい。そして、食べることを大切にして、もっともっと健康《けんこう》になってもらいたい――。それが、吉田《よしだ》さんのねがいです。

そろそろ、吉田《よしだ》さんの授業《じゅぎょう》も終《お》わりに近づいてきました。とれたての野菜《やさい》を食べながら、もりあがっているみんなに、吉田《よしだ》さんは思いをこめて言いました。

「いいかい？　これまで、畑《はたけ》の土の中にいる菌《きん》ちゃんの力をかりて、おいしい野菜《やさい》をつくってきたけれど、じつは、きみたちのおなかの中にも、菌《きん》ちゃんがたくさんいるんだよ。

きみたちが食べたものがおなかの中に入っていって、菌《きん》ちゃんに分解《ぶんかい》され、栄養《えいよう》になって、からだに吸収《きゅうしゅう》されていくんだ。

だから、おなかの畑《はたけ》も大切にしようね。栄養《えいよう》たっぷりの食べ物《もの》を、菌《きん》ちゃんが食べやすいようによくかんで入れてあげれば、この野菜《やさい》みたいに、みんなも元気に大きくなれるんだよ！」

子どもたちが元気に育《そだ》つためには、「食《しょく》」がなにより大事《だいじ》。そして、食べ物《もの》の力に気づく近道は、菌《きん》ちゃん野菜《やさい》づくりを体験《たいけん》してみること。吉田《よしだ》さんは、そう考えています

野菜《やさい》のお勉強《べんきょう》をして、ごはんには、いろいろないのちが入ってる、ということがわかって、うれしかったです。(あきと)

わたしは、おとなになったら、菌《きん》ちゃん先生が教えてくれたように、畑《はたけ》で生ごみで野菜《やさい》をつくって、子どもたちに食べさせたいと思います。(つばき)

こうして、吉田《よしだ》さんの最後《さいご》の授業《じゅぎょう》は終《お》わりました。

さあ、小ケ倉《こがくら》小学校は、これから給食《きゅうしょく》の時間です。

みんなで、声をそろえて――。

「いただきます!」

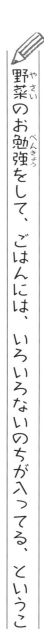

菌《きん》ちゃんコラム 4

菌《きん》ちゃん畑《ばたけ》とおなか畑《ばたけ》

土の中とおなかの中はそっくり。どちらにも、ぼくたち菌《きん》ちゃんがたくさんいるよ。野菜《やさい》は根《ね》から、人間は腸《ちょう》のひだから、ぼくたちがつくった栄養《えいよう》を吸収《きゅうしゅう》しているんだ。おなか畑《ばたけ》を大切にして、菌《きん》ちゃん野菜《やさい》のように元気に大きくなろう！

菌《きん》ちゃん畑《ばたけ》

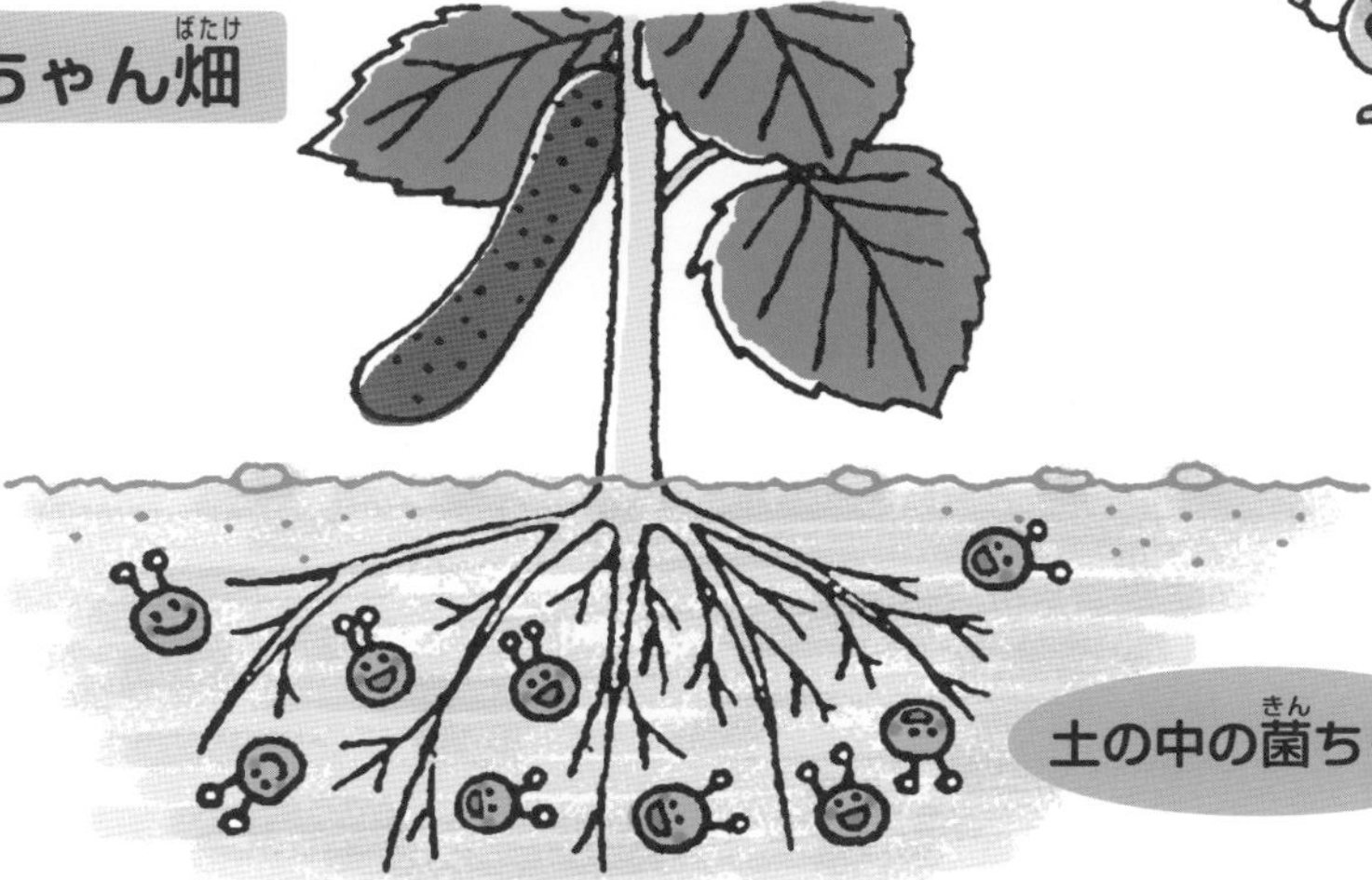

おなか畑《ばたけ》

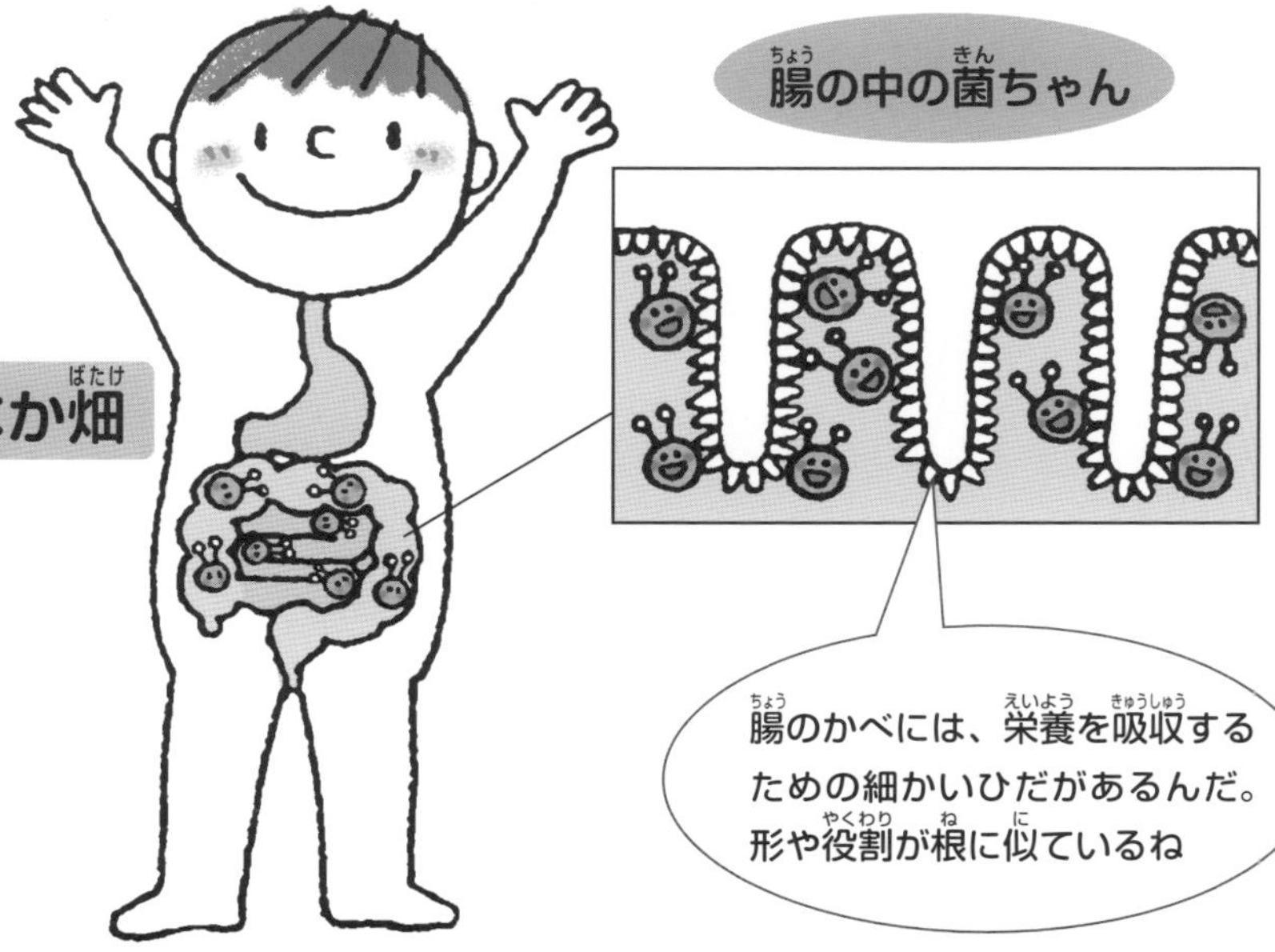

おわりに　食べることの大切さ

あんず ゆき

わたしは、わかいころから病気《びょうき》がちで、健康《けんこう》に自信《じしん》がありませんでした。

そしてあるとき、知りあいのお医者《いしゃ》さんにこう言われたのです。

「食べたものが自分のからだになるんですよ。まず、食事《しょくじ》を見直すことからやってごらん」

食事《しょくじ》が大切なことくらい、わかっているつもりでした。でも、わかっているつもりなだけで、実行《じっこう》できていませんでした。

そこで、言われたとおり、考えて食べるように心がけていると、少しずつ少しずつ体調《たいちょう》はよくなって、わたしはすっかり元気になれたのです。

そんな経験《けいけん》をしたあと、たまたま読んだ、吉田俊道《よしだとしみち》さんの文章《ぶんしょう》が目にとまりました。

（子どもたちに、もっともっと元気になってほしい。でも、野菜《やさい》を食べようとか、ジュースをひかえよう、インスタント食品《しょくひん》はやめよう、そんなことはみんな知っている。知っていても、なかなかできない。

じゃあ、どうしたら、食べることの大切さをわかってくれるだろう）

同感《どうかん》でした。わたしも食べることの大切さを子どもたちにつたえたい。けれど、どんな形でつたえたらいいのかしら——。

吉田《よしだ》さんは、こんなことも書いていました。

（子どもたちが自分の手で元気な野菜《やさい》を育《そだ》てたら、菌《きん》ちゃんがいることや、土が大切なことがわかる。そうしたら、おなかの中にも菌《きん》ちゃんがいることや、おなかの中は畑《はたけ》の土と同じだということも、身近《みぢか》な話になるんじゃないかな）

え？　菌《きん》ちゃんって？　野菜《やさい》を育《そだ》てることに「菌《きん》」が関係《かんけい》あるの？

ちょっとおどろきました。つづけて読んでいくと、菌《きん》ちゃんのふしぎな力が紹介《しょうかい》されていて、わくわくしました。とくに、土にまぜた生ごみが、菌《きん》ちゃんのはたらきですっかりきえて、おまけに土があたたかくなっているなんて、ほんとうかしら？　と思いました。

そこで、吉田《よしだ》さんを取材《しゅざい》させてもらいながら、わたしも家で、じっさいにやってみたのです。

その結果《けっか》はと言うと……生ごみはきれいにきえて、土はほっこりとあたたかく、「うそみたい」と、つぶやいてしまうほど。

想像以上《そうぞういじょう》に感動的《かんどうてき》な体験《たいけん》でした。菌《きん》ちゃんは目には見えないけれど、たしかにいます。

みなさんにも、ぜひぜひ体験《たいけん》してほしいと思います。

自宅《じたく》の畑《はたけ》で、土に生ごみをまぜる著者《ちょしゃ》

最後《さいご》に、吉田《よしだ》さんが活動《かつどう》のひとつとして提案《ていあん》している「食事改善《しょくじかいぜん》プログラム」を、長崎県平戸市《ながさきけんひらどし》にある紐差《ひもさし》小学校の五年生の場合を例《れい》にして、ここにご紹介《しょうかい》します。

〈提案《ていあん》 つぎの七つから自分で三つ以上《いじょう》えらび、四週間、実行《じっこう》しましょう〉

1 朝は、ごはんと野菜《やさい》たっぷりのみそしるを食べる。

朝はパンを食べるという人がふえていますが、パンは糖分《とうぶん》が多く、からだをひやします。ごはんと野菜《やさい》たっぷりのみそしるを朝食にとることで、体温《たいおん》があがる人が多いそうです。

2 しゅんの野菜《やさい》を食べる。

季節《きせつ》にあった野菜《やさい》には、ビタミンやミネラル、ファイトケミカルなどの栄養成分《えいようせいぶん》がたくさんふくまれています。

3 にぼしを食べる。

にぼしなどの小魚を頭から丸ごと食べると、ほねをじょうぶにするカルシウムのほか、たくさんの栄養成分《えいようせいぶん》をとることができます。

4　菌《きん》ちゃん食品《しょくひん》（納豆《なっとう》、みそ、ぬかづけなど）を食べる。

発酵食品《はっこうしょくひん》を毎日食べると、おなか畑《ばたけ》が菌《きん》ちゃんでいっぱいになります。

5　おなかを手で「の」の字を書くようにぐるぐるなでる。

腸《ちょう》の動《うご》きがよくなり、おなか畑《ばたけ》があたたまります。ねる前がおすすめです。

6　のどがかわいたら、ジュースではなく、水かお茶を飲《の》む。

ジュースは糖分《とうぶん》が非常《ひじょう》に多く、肥満《ひまん》や虫歯《むしば》の原因《げんいん》になります。習慣的《しゅうかんてき》に飲《の》むことで、イライラしやすくなったり、つかれやすくなることもわかっています。ふだんは水かお茶を飲《の》みましょう。

7　ひと口三十回かむ。

食べ物《もの》をよくかむと、だ液《えき》がたくさん出て消化《しょうか》を助《たす》けます。あごを動《うご》かすことが脳《のう》にもよい刺激《しげき》をあたえます。

〈四週間、実行《じっこう》したあとの子どもたちの体調《たいちょう》〉

・おつうじがよくなった。
・理想的《りそうてき》な体温《たいおん》（三十六・五度《ど》以上《いじょう》）の子どもがふえた。
・朝、すっきり起《お》きられる。

紐差《ひもさし》小学校だけでなく、香川県《かがわけん》三豊《みとよ》市《し》の仁尾《にお》小学校など、吉田《よしだ》さんの食事《しょくじ》改《かい》善《ぜん》プログラムを実行《じっこう》して、すばらしい結果《けっか》を出している小学校は全国《ぜんこく》にたくさんあります。つまり、実行《じっこう》すれば確実《かくじつ》に、おなか畑《ばたけ》はよくなるのです。

みなさんも、この七つの提案《ていあん》の中から三つ以上《いじょう》えらんで、四週間、家族《かぞく》そろって、実行《じっこう》してみませんか？

もちろん、わたしもやってみます！

家でもできる

菌《きん》ちゃんいっぱいの土のつくり方

ここでは、プランターを使《つか》った土づくりを紹介《しょうかい》します

1 プランターをじゅんびする

●プランターは、はば 70 センチメートル程度《ていど》の大きなものを用意《ようい》します

2 土をじゅんびする

●雑木林《ぞうきばやし》や、何年も放置《ほうち》されて雑草《ざっそう》が生えている田畑《たはた》の土が手に入る人は、表面《ひょうめん》から 10 センチメートルほどの土を集《あつ》めてください。菌《きん》ちゃんがたくさんいます
●市販《しはん》の培養土《ばいようど》でも、一度《いちど》、花か野菜《やさい》を育《そだ》てたあとなら、肥料分《ひりょうぶん》がぬけているので使《つか》えます
●土の水分量《すいぶんりょう》は、かわき気味《ぎみ》で、手でつかむと少しかたまるくらいがよいです

③ プランターに土を入れる

●水はけをよくするため、プランターの底《そこ》に軽石《かるいし》やモミガラをしきます。土とまざらないように、ネット入りのものをしきましょう

●土を８分目まで入れます

●プランターは、雨がふりこまない場所《ばしょ》におくか、通気をたもちつつ雨がふせげるように、波板《なみいた》などでおおいます

④ 生ごみを集《あつ》める

●生ごみならなんでも使《つか》えます。食べのこしは、ざるなどで水気を切ってから容器《ようき》に入れます

●あらかじめ用意《ようい》した米ぬかぼかしをひとにぎり、容器《ようき》に入れてふり、生ごみにまぶしてから冷《れい》蔵庫《ぞうこ》で保存《ほぞん》します

●野菜《やさい》くずは包丁《ほうちょう》で、はば１センチメートルほどに切って、ビニールぶくろか、ふたのある容器《ようき》に入れます

⑤ 生ごみを土に入れる

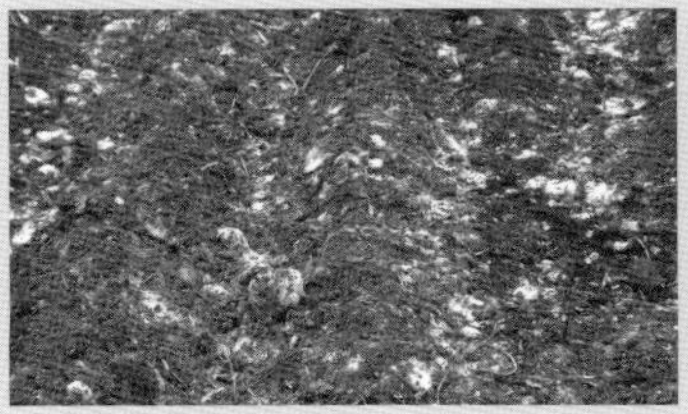

●表面《ひょうめん》や土の内部《ないぶ》にカビが見えたら、成功《せいこう》です。発酵熱《はっこうねつ》で土があたたかくなっているのも、たしかめてみましょう

●1～数日ごとに生ごみを土に入れて、スコップなどでよくまぜます
●土がかわいていたら、水分の多い生ごみをまぜましょう。ぎゃくに、土がぬれすぎていたら、水分の少ない生ごみを入れます
●雨が入らないように注意《ちゅうい》します

⑥ 土を熟成《じゅくせい》させる

●入れた生ごみの総量《そうりょう》が、プランターに入れた土の３分の１ほどになったら、それ以上《いじょう》は入れないようにします
●生ごみの投入《とうにゅう》が終《お》わったプランターは、週に1回はよくまぜ、熟《じゅく》成《せい》させます
●冬はプランター全体《ぜんたい》を大きなビニールでおおって保温《ほおん》します

●何回かに１回は、シートの上でプランターをひっくり返《かえ》し、土全体《ぜんたい》をしっかりまぜてからもどします
●完全《かんぜん》に熟成《じゅくせい》するまで、最短《さいたん》で１カ月ほどかかります。天候《てんこう》や気温《きおん》で異《こと》なります。冬は時間がかかりますが、気長にまちましょう
●生ごみが完全《かんぜん》に見えなくなり、腐《ふ》敗臭《はいしゅう》がまったくなければ熟成完了《じゅくせいかんりょう》です

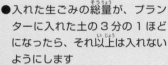

菌《きん》ちゃんでいっぱいの土ができたら、野菜《やさい》を育《そだ》ててみよう！

なえを植《う》える前に、プランターの土に、市販《しはん》の有機《ゆうき》石灰《せっかい》（カキガラ石灰《せっかい》）をカップ1ぱいほどまぜてください

おすすめの野菜《やさい》

●春の植《う》えつけ（4月末《まつ》～5月）

ミニトマト、ピーマン、キュウリ、オクラ、モロヘイヤなど。市販《しはん》のなえを買って植《う》えると育《そだ》てやすいです

●秋の植《う》えつけ（9月～11月）

ブロッコリーは10月はじめまでに、市販《しはん》のなえを植《う》えましょう。冬の間、花茎《かけい》を何度《なんど》も収穫《しゅうかく》できるのでおすすめです。コマツナ、ミズナ、チンゲンサイは11月上旬《じょうじゅん》までに種《たね》をまきましょう

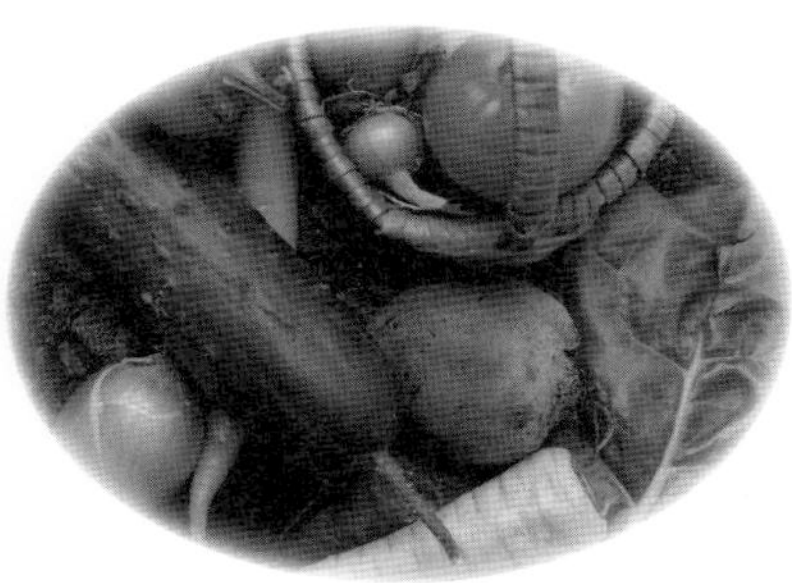

もっとくわしいつくり方や、
材料《ざいりょう》の入手方法《ほうほう》などが知りたい人は

NPO《エヌピーオー》法人《ほうじん》「大地といのちの会」事務局《じむきょく》まで

電話・ファックス　0956-25-2600

ホームページ　http://daititoinotinokai.web.fc2.com/

参考文献

『生ごみ先生の元気野菜革命』
（吉田俊道・著／東洋経済新報社）

『食卓の向こう側〈7〉生ごみは問う』
（西日本新聞社「食 くらし」取材班・著／西日本新聞社）

『生ごみ先生のおいしい食育』
（吉田俊道・著／西日本新聞社）

『のぞいてみよう　ウイルス・細菌・真菌 図鑑　全３巻』
（北元憲利・著／ミネルヴァ書房）

あんず ゆき
大阪府在住。第 10 回・第 12 回小川未明文学賞優秀賞、第 5 回・第 6 回盲導犬サーブ記念文学賞大賞受賞。
作品に『やんちゃ子グマがやってきた！』『おばけ、さがさないでください』（共にフレーベル館）、『おれさまはようかいやで』『モンキードッグの挑戦』（共に文溪堂）、『デカ物語』（くもん出版）、『土手をかけおりよう！』（文研出版）、『天使の犬ちろちゃん』（ハート出版）、『ホスピタルクラウン・Kちゃんが行く』『マオのうれしい日』『きみのなまえ』（以上、佼成出版社）などがある。

【取材協力／写真提供】
吉田俊道
長崎市立小ヶ倉小学校
※扉のイラストと、本文中の作文は、小ヶ倉小学校の子どもたちによるものです

はじめてのノンフィクションシリーズ
菌ちゃん野菜をつくろうよ！
2016年6月30日　第1刷発行
2022年7月20日　第4刷発行

著　　者●あんず ゆき
発 行 者●中沢純一
発 行 所●株式会社 佼成出版社
〒166-8535　東京都杉並区和田２-７-１
電　話　03（5385）2323（販売）　03（5385）2324（編集）
https://kosei-shuppan.co.jp/
ブックデザイン●芝山雅彦（スパイス）
印 刷 所●株式会社 精興社
製 本 所●株式会社 若林製本工場

ISBN978-4-333-02735-4　C8336　NDC916/96P/22cm